Conversando com a Vida

Conversando com a vida

1-4-09-5.000

Direção editorial: **Flávio Machado**
Assistente editorial: **Dirce Yukie Yamamoto**
Chefe de arte: **Marcio da Silva Barreto**
Capa: **Júlia Machado**
Imagens da capa: **Freesurf / StockXpert.com**
Diagramação: **Ricardo Brito**
Revisão: **Luiz Chamadoira**
Fotolito da capa e impressão: SERMOGRAF – Artes Gráficas e Editora Ltda.

Dados Internacionais de Catalogação na Publicação (CIP)
(Câmara Brasileira do Livro, SP, Brasil)

Pinto, Cenyra.
Conversando com a vida / Cenyra Pinto. – São Paulo : Petit, 2009.

ISBN 978-85-7253-174-0

1. Atitude (Psicologia) 2. Auto-ajuda – Técnicas 3. Conduta de vida 4. Espiritismo 5. Meditações 4. Realização pessoal I. Título.

09-02632 CDD: 133.901

Índices para catálogo sistemático:

1. Conduta de vida : Reflexão : Doutrina espírita 133.901

Impresso no Brasil, no outono de 2009.

Prezado leitor(a),

Caso encontre neste livro alguma parte que acredita que vai interessar ou mesmo ajudar outras pessoas e decida distribuí-la por meio da internet ou outro meio, nunca deixe de mencionar a fonte, pois assim estará preservando os direitos do autor e conseqüentemente contribuindo para uma ótima divulgação do livro.

Conversando com a Vida

CENYRA PINTO

petit editora

Rua Atuaí, 383/389 – Vila Esperança/Penha
CEP 03646-000 – São Paulo – SP
Fone: (0xx11) 2684-6000

Endereço para correspondência:
Caixa Postal 67545 – Ag. Almeida Lima
03102-970 – São Paulo – SP

www.petit.com.br | petit@petit.com.br

Outro livro de sucesso da mesma médium:

– *Levanta-te e anda...*

"LÁZARO, LEVANTA-TE E ANDA" – com estas palavras, Jesus dirigiu-se a Lázaro, considerado perdido para a vida dos homens. Envolvido na roupagem daqueles que partiam deste mundo, Lázaro obedeceu ao Mestre: despertou e levantou-se. Inspirada por essa passagem do *Evangelho*, a consagrada escritora Cenyra Pinto escreveu um livro sublime: *Levanta-te e anda...* Coletânea de mensagens que elevam a alma, resume páginas da vida para superarmos dificuldades que por vezes derrubam o ânimo e desfalecem nosso desejo de viver. Exemplos de esclarecimento e consolo que emocionam e fazem reviver o entusiasmo, servem para reforçar nossa disposição para avançar, a passos largos, na direção da felicidade.

Agradeço a Deus

Por nosso filho Geraldo, nossa nora Zuleika, que é para nós uma filha, por nossos adorados netos Rose May, Afonso Gil e Maurício Luiz, que só nos têm oferecido amor e motivos de felicidade. Que Jesus seja sempre a bússola de suas vidas.

E a Fernando Jorge Uchôa

Escritor e poeta premiado muitas vezes, amigo fraterno e filho espiritual, que Deus abençoe seus esforços de constante superação. Por sua dedicação no trabalho de revisão deste livro, só posso dizer, do mais fundo do meu ser, muito obrigada.

Dedicatória

Ao meu querido marido.

Perguntei mentalmente aos meus amigos espirituais, por que eu e meu marido éramos tão diferentes de temperamento. Eu sou extrovertida, movimentada, e ele, calado, introvertido e tímido, o que provoca, de quando em quando, algum desentendimento entre nós, porém sem conseqüência, pois tudo se dissipa como nuvem passageira e a tranqüilidade logo retorna, graças a Deus.

A resposta que obtive dos amigos espirituais foi a seguinte: "Porque você é a gasolina dele, e ele é seu freio". Achei graça e também muita lógica. Realmente, se ele não me freasse em meus entusiasmos, certamente eu iria por aí afora, nas minhas atividades espirituais, sem medir conseqüências, e o resultado, por certo, seria desastroso. Também, se eu não lhe injetasse um pouco de gasolina, ele talvez se acomodasse e não fizesse esforço em proveito de sua renovação espiritual na senda evolutiva. Assim, por bem ou não, ele tem que me acompanhar nas minhas movimentações e não se deixa estagnar. Está tudo certo, não acham?

Sinceramente, nossos pequenos atritos e divergências não criam raízes; tudo se esvai e nenhum de nós guarda mágoa; temos nos aceitado como somos, nos amamos muito e dentro de um ano, se Deus quiser, completaremos nossas bodas de ouro, que é o testemunho no tempo de uma profunda amizade.

Por antecipação, dedico este livro ao meu querido companheiro, rogando a Jesus para que todos os casais lutem por vencer as diferenças de temperamento e, como nós, vejam raiar os primeiros albores de 50 anos de vida em comum, com lutas e dedicação ao mesmo ideal.

Obrigada, Jesus, por esse grande companheiro.

Obrigada, José. Sem o seu freio, sei que me desmandaria, tal o excesso de gasolina que não me deixa ficar parada. Sem a minha gasolina, você certamente estagnaria. Tudo certo.

Mais uma vez, obrigada, meu Deus.

Sumário

Carta do editor

A obra de Cenyra Pinto (1903–1996) é um marco na história da literatura com temática espírita. Mulher muito à frente do seu tempo, esposa e mãe dedicada, dedicou-se com empenho a servir de instrumento à espiritualidade que a acompanhava, desejosa de transmitir, por seu intermédio, mensagens renovadoras da alma.

Devotada divulgadora do Espiritismo e, por isso mesmo profunda conhecedora das Obras Básicas de Allan Kardec, Cenyra levou em grande consideração o ensinamento "Fora da caridade não há salvação", o qual revela a importância do exercício do bem, independentemente da religião que abracemos.

Coletânea de depoimentos emocionados daqueles que enfrentaram a dor e conseguiram superar grandes dificuldades, a primeira parte de *Conversando com a vida* reúne relatos de pessoas anônimas e conhecidas, algumas cuja identidade foi preservada, praticantes de várias épocas, lugares e crenças unidos pela fé que devotam ao Criador e pela certeza de que a divina providência nos provê segundo nossas necessidades e merecimentos.

Conversando com a vida, lançada ao público em 1977, é, assim, uma demonstração do ecumenismo que atraiu para a obra de Cenyra o interesse e a simpatia daqueles para os quais o Espiritismo ainda é uma filosofia a ser primeiro conhecida, e então apreendida, como demonstram as mensagens da autora que compoem a segunda parte do livro.

Páginas de consolação, esclarecimento e esperança, *Conversando com a vida* é uma das obras mais expressivas de Cenyra Pinto.

Nossa eterna gratidão a Cenyra Pinto, pela luz que semeou ao longo de sua jornada na Terra, a qual, hoje transformada em árvores frondosas que encontramos pelo caminho, acolhem e alimentam nossa alma e nos dão forças para continuar.

Que Deus lhe pague.

O Editor
Outono de 2009

Conversando com a vida...

Talvez você se pergunte: Como posso conversar com a vida?

Mas é tão simples. É tão fácil!...

A vida está em você, logo conversar com a vida é conversar com você mesmo.

Se nunca conversou com você mesmo, certamente não se conhece e faz de si próprio um juízo arbitrário, ora se autocondenando, ora se aplaudindo, mas sem saber, na realidade, se está merecendo o aplauso ou a censura. Tudo isso porque se vê na superfície, não penetrou, ainda, no seu mundo interior, desconhecendo, assim, seu verdadeiro ser.

Conversando com a vida é, pois, um livro que se propõe a convidar as criaturas a confabular consigo mesmas, despertando-lhes o interesse por tudo o que se passa no seu íntimo, a fim de que manifestem as descobertas desse encontro no mundo exterior.

Não tente convencer ninguém a escolher esse ou aquele caminho espiritual; descubra sua própria rota, visando sempre à mesma meta: Deus.

Apresento um documento sobre pessoas que se consideram extremamente complexadas, frustradas, traumatizadas e que, por não terem ainda parado um pouco para conversar com o íntimo de si mesmas, talvez atirassem a culpa de seus supostos fracassos sobre pessoas ou circunstâncias da vida que, segundo elas, seriam causadoras do estado em que se encontravam.

Procurarei esclarecer que, embora inúmeros desajustes se apresentem angustiantes, somos capazes de remover os obstáculos que à primeira vista parecem irremovíveis. Se, em determinados casos, pessoas ou situações nos marcaram desastrosamente, é uma atitude inteiramente infeliz permanecer no cultivo de estados depressivos e na acusação estéril quando surge oportunidade, por qualquer meio, de encarar nosso verdadeiro estado e reformular, com todas as nossas forças, nossa vida, emoções e ideais.

Se às vezes não está em nós cortar o mal pela raiz, de nós depende muito aparar as deformidades e lançar fora a carga que nos pesa sobre os ombros e dificulta a jornada.

Nunca é tarde para lutar por nossa paz interior.

Se estamos sozinhos, procuremos, já, a companhia do nosso melhor aliado: Deus.

"Buscai e achareis."

A Autora

Sobre os depoimentos

Os depoimentos que vamos apresentar constam de situações realmente vividas. Todas as pessoas que os prestaram, fizeram-no espontaneamente, como colaboração ao nosso trabalho.

Observamos que as pessoas atingidas por grandes infortúnios encontraram a solução dos seus problemas de maneiras diferentes. O importante é que estão hoje em condições de rememorar o passado, compreender suas vivências, sem sofrimento.

Não indicamos nenhum caminho para os amigos leitores que porventura estejam atravessando crises idênticas às que apresentamos neste livro, uma vez que cada ser humano é um mundo diferente.

Cabe a cada um escolher seu caminho, na certeza de que, por pior que seja o seu problema, há sempre uma solução para ele, se você a desejar realmente. As situações aqui apresentadas contêm a visão de um caminho: a esperança.

Você dirá: "Dizer é muito fácil, o difícil é viver a situação". E você tem toda a razão. É isso mesmo. Mas, quando estamos dentro de uma fogueira, ficamos cegos pela fumaça, o desespero nos tira o raciocínio e não sabemos como, nem por onde sair das dificuldades. Quem está de fora estende a mão para auxiliar a quem se acha em desespero. É sempre o "hoje por mim, amanhã por ti".

Nos momentos de crise aguda, a revolta e a angústia se apossam de quem sofre, tornando quase inútil qualquer diálogo no sentido de orientação. O silêncio e a oração se tornam, então, a melhor forma de assistência.

É conveniente aguardar a ocasião propícia para o diálogo; e no instante oportuno fazer a criatura compreender que é gente, que muitas pessoas a estimam e precisam dela; que, acima da ciência dos homens, existe um poder superior que é capaz de resolver qualquer situação, bastando que se confie Nele.

Seja qual for a religião que você abrace, em princípio é necessário que se conscientize do seu estado e que resolva pedir o socorro de Deus, por meio de sinceros e humildes apelos.

A fé é algo que não se pode transmitir a ninguém. A dor, às vezes, atordoa o sofredor, apagando nele a fé que lhe poderia dar a força para o soerguimento; em outros, acende-a ainda mais. "A quem muito tem, mais lhe será acrescentado. Ao que pouco tem, até esse pouco lhe será tirado."

A criatura cuja fé tem base sólida não desfalece quando a dor lhe bate à porta; recebe-a compreensivamente, sem revolta, tornando mais consistente e esclarecida a sua fé: "mais lhe será acrescentado", e com fervor se aproxima de Deus na intimidade do coração. Para esse, é bem mais fácil resolver seus problemas de qualquer natureza. O mesmo não acontece aos que viveram indiferentes às coisas de Deus, pois não se orientam pela bússola da fé; para esses, certamente, será mais difícil a recuperação: "até o pouco que têm lhes será tirado", levando-os ao desespero e à revolta. Mas, "nada se perde, tudo se transforma". "Nenhuma de minhas ovelhas se perderá", disse Jesus.

De um ponto de vista mais amplo, os casos aqui apresentados situam-se como efeito de uma causa que talvez se perca na noite dos tempos. Outros têm na dor uma missão, ou experiências para desenvolvimento de novos valores, até que possam, como a salamandra, passar pelo fogo sem se queimar.

A todos os que se desnudaram espiritualmente para serem mostrados ao público como exemplo de esforçadas superações, em situações dificílimas e penosas, a todos, devedores ou missionários, o nosso melhor desejo de que sejam recompensados com novas e elevadas qualidades pelos poderes superiores da vida.

A Autora

Apresentação do professor José Hermógenes

Conversando com a vida é um livro que eu escreveria. Não sei quando. Quando Deus me permitisse, eu também faria, tanto quanto possível, o público ficar sabendo como certas criaturas se comportam diante das provações, quando envolvidas pelas dores mais dramáticas.

Grande número de pessoas teme a dor, e teme à medida que a detestam; e a detestam à medida que ignoram o papel redentor que ela representa. Poucos, por não a detestarem tanto, não se deixam abater, não se deixam intimidar, não se entregam vencidos, quando grandes sofrimentos os alcançam. Pouquíssimos, infelizmente ainda pouquíssimos, sabendo descobrir o papel didático, o valor libertador, o estimulante desafio que o sofrimento contém, transformam o quadro doloroso em oportunidade para a realização espiritual, em marco quilométrico na longa estrada estreita que conduz a Deus.

Cenyra, incansável em servir, infalível no amar, servindo e amando, escreve livros, fala a auditórios, compõe música, num abençoado afã de aproveitar a presente existência para esclarecer, orientar, motivar e estimular multidões no rumo do eterno. Agora, dá mais um precioso recado, mostrado, com fatos da vida, com vidas exemplares, como aqueles "pouquíssimos" vencem a dor por transformá-la em estímulo, por aproveitá-la como lição, por se alegrarem com as amortizações de dívidas que todos temos diante da Lei.

A seu pedido, faço uma referência a um fato que mudou radicalmente a direção de minha existência.

Levando vida medíocre, como homem tão normal como os outros, desperdiçava meus dias em atividades inúteis. Mental e emocionalmente era comum, mesmificado, manipulado, conformado, integrado ao rebanho. Cigarro, álcool, muito trabalho, interesses conflitantes, ausência de paz, carência de harmonia, agitação, adquirindo, guardando, buscando valores perecíveis... Muito esforço, ansiedades permanentes, sempre aflitivamente atuante... Um dia, exaurido, ouvi o diagnóstico: tuberculose em estado grave. Pulmões feito casa-de-abelha e laringe quase destruída pelo germe obrigaram-me a uma longa vida sedentária (antibióticos, pneumotórax, repouso, muita comida, cirurgia...) Clinicamente curado, veio a convalescença cheia de: "você não é mais o mesmo homem"; "agora tem que levar uma vida moderada"; "cuidado com chuva, com sol, com exercícios...";

"daqui por diante, tenha muito cuidado"; "nada de excessos"; "há sempre o risco de uma recaída"; "se recair..."

Que sobrava para ser vivido? Que sobrara de mim? Que fazer com tão miserável sobra?

Doença e convalescença – duas fases do mesmo desafio; duas faces da mesma provação; dois aspectos de um grande pagamento; dois chamados da mesma advertência.

Com a graça de Deus, nem abatimento, nem revolta, nem autocompaixão, nem medo, nem tristeza, nem qualquer reação negativa e perturbadora das que são comuns aos que sofrem e não triunfaram.

Meditações, preces, leituras, práticas de ioga mudaram-me o destino; orientaram-no para o rumo da verdade. Do que sobrara de mim, e que parecera tão pouco, a graça de Deus construiu o que hoje sou, e se sou tão pouco, sou hoje muito mais do que quando era um homem normal, isto é, nivelado pela pobre normalidade do rebanho humano.

Bendita doença!

Agradeço à divindade aquela preciosa oportunidade de despertamento, de reflexão, de aprendizado, de transformação, de depuração, de desafio...

Casos como os narrados neste precioso livro é que me fizeram escrever:

"É nas quedas que o rio cria energias". (*Mergulho na paz*)

"É a falta de pernas que faz nascer asas no homem, isto é, no verdadeiro homem". (*Ioga, caminho para Deus*)

Livros como este é que fazem o homem mudar de pensamento como V. Frankl sugeriu – quando estiver tendente a perguntar-se "que posso esperar da vida?", passe a se perguntar: "o que a vida espera de mim"?

Cenyra, irmã querida, você é um exemplo do que este livro sugere. Inúmeras pessoas com mais saúde e menos idade do que você já se entregaram e, inertes, pedem que lhe dêem ou que lhe façam algo. Você está rica de juventude, plena de energia, inspirada e ativa, em seu divino magistério, vencendo tudo e servindo a todos.

Parabéns!

Que a vida universal continue a fluir através de você no que faz, no que pensa, no que sente, em suas palavras e vibrações.

*Namastê**

HERMÓGENES**

---

* Palavra proveniente do sânscrito que significa "O meu Deus interno saúda o seu Deus interno". (Nota do Editor)

** José Hermógenes de Andrade Filho (1922) passou a ser conhecido como Professor Hermógenes ao publicar seus primeiros livros sobre as técnicas e a filosofia da *Hatha Ioga* na década de 1960. (N.E.)

Palavras do doutor Humberto Leite de Araújo

Somente almas sensíveis como a de Cenyra Pinto são capazes de captar da fonte de águas vivas retalhos da sabedoria divina.

A vida desse espírito, a quem o Senhor da Vinha conferiu a graça de esparzir luzes entre nós, tornando-nos menos agressivos, menos sofredores, tem sido uma constante doação.

Haja vista o Movimento Assistencial Roda do Amor – Mara – que ela fundou e dirige para amparar os menos afortunados, suas composições teatrais e musicais e seus livros espiritualistas. São obras consagradas como repositórios de ensinamentos em linguagem singela, simples e pura, como é a sua alma de escol.

Agora, Cenyra Pinto nos brinda com esse *Conversando com a vida*, mais uma demonstração de seu espírito ávido de ver seus irmãos felizes.

Cada depoimento de *Conversando com a vida*, retirado do porão do subconsciente dos entrevistados, é como se fosse um vidro de medicamento dado de graça a quem quer preencher o vazio existencial e libertar-se de dependências psíquicas.

Continue, amada irmã Cenyra Pinto – voluntária da fraternidade –, sintonizada com seu Cristo interno, seus guias e protetores espirituais, jovializando cada vez mais seu espírito, para alegria de todos nós que temos a ventura de tê-la como amiga.

Que o amoroso pai Francisco de Assis e seu anjo guardião a abençoem por esta dádiva à humanidade – *Conversando com a vida* – e que sejam de paz os nossos pensamentos e de fraternidade pura os nossos sentimentos.

HUMBERTO LEITE DE ARAÚJO
PRESIDENTE DA ALIANÇA DA FRATERNIDADE*

---

* Organização espírita fundada pelo doutor Humberto Leite de Araújo e um pequeno grupo de voluntários no Rio de Janeiro em 1970. (N.E.)

Depoimentos

Desconfie dos impossíveis

Luis Antônio Millecco é vice-presidente da Spleb (Sociedade Pró-Livro Espírita em Braille), presidente do Círculo de Estudos Estrela de Belém, que estuda fenômenos mediúnicos nos cegos, presidente da Associação dos ex-alunos do Instituto Benjamin Constant, musicoterapeuta.*

– Você é cego de nascença, Luiz Antônio?

– Sim.

– Na infância, como foi seu relacionamento com outras crianças?

– Relativamente bom. Devido à superproteção da família, eu não podia sair de casa freqüentemente, então, de

* Instituição espírita fundada em 1953, com sede no Rio de Janeiro, que propicia aos deficientes visuais o estudo da Doutrina Espírita por meio de livros em braile e fita cassete. (N.E.)

preferência, as crianças vinham brincar comigo, em casa. Mas nunca fui criança que brincasse normalmente na rua ou jogasse bola. Isso, não.

– Como sua família encarava seu problema de cego e o dela como responsável por um deficiente visual?

– Em geral, e sobretudo entre nós, é comum a família superproteger ou abandonar a criança deficiente. No meu caso, felizmente, o que houve foi superproteção. Havia no meu lar uma atmosfera marcante de tristeza e piedade; de apreensão pelo meu futuro e medo de me internar em escola especializada. Foi nessa atmosfera que eu vivi. As pessoas se aproximavam de mim com pena.

– Você era revoltado?

– Conscientemente, não; havia, porém, dentro de mim uma atmosfera de sufocação. Toda pessoa superprotegida, que não consegue expressar totalmente suas potencialidades, é sufocada. Relativamente aos cegos, há um fenômeno muito comum, conhecido por ceguismo, assim classificado durante algum tempo (não sei se ainda é), e de um mau gosto incrível; são os cacoetes que a criança cega vai adquirindo e a acompanham, às vezes, durante toda a vida.

"O problema pode ser assim explicado: a carga nervosa concentrada, originada pelo excesso de cuidados – não pode brincar aqui, que machuca; não pode pegar isso, que arranha ou fere – faz com que a criança não possa dar tudo de si. Essa carga concentrada vai ferindo e marcando a sensibilidade, fazendo com que a criança se torne um campo de energias represadas, sem expressão, pronta a estourar de uma maneira ou de outra. Comumente estoura nos cacoetes, nas neuroses; enfim, de mil maneiras diferentes. Não estamos afirmando que o fato seja exclusivo da vivência das crianças cegas; ao contrário, está nas reações psicológicas de toda criança superprotegida, cega ou não. A cega naturalmente tem o agravante de não ver, de não poder se distrair com a visão; ela tem que procurar, com seus próprios recursos, os meios de se distrair, para viver socialmente, o melhor possível, dentro das suas limitações."

– Onde você estudou?

– No Instituto Benjamin Constant.

– Quais foram suas dificuldades como aluno?

– Bem, eu tive dificuldade de aprender, e muito especialmente matemática. Nunca fui discípulo de Pitágoras. Talvez por falta de uma boa base, tenho uma barreira neurótica à matemática, barreira essa que me acompanha até hoje. Tenho dificuldade, inclusive, em tabuada. Meu comportamento como aluno foi normal em certas épocas, e, em outras, rebelde. Essa rebeldia porém não era só minha, e sim de todo o corpo discente, que organizou uma greve. O Instituto encaminhava-se para um processo de extinção, somando-se a isso outros problemas de natureza pedagógico-social, tudo, enfim, contribuindo para que o corpo discente se levantasse contra a administração. Eu tomei parte nesse movimento, inclusive entre os que o lideravam.

– Formou-se professor lá mesmo?

– Quando me formei, já estava praticamente lecionando, porque em novembro de 1960 fui nomeado pela antiga prefeitura contramestre em braile. Esse curso foi distribuído entre todas as instituições, e como já existia em funcionamento o curso de braile na Spleb, fui enviado para lá, a fim de lecionar. Quando me formei em didática de cegos, já lecionava.

– Como se sente dentro da filosofia splebiana?

– Muito bem. A filosofia splebiana nivela o cego ao não-cego. Seu postulado principal esclarece o seguinte: a única diferença entre as pessoas que vêem e as que não vêem é exatamente a de que as primeiras na realidade vêem e as segundas não vêem. As pessoas que têm visão tratam os sem vista como se eles fossem de fato diferentes. A filosofia splebiana de certo modo proclama aos quatro ventos o que se repete comumente: nada há de novo sob o céu.

– Como funciona a Spleb como núcleo reabilitador?

– Funciona de dentro para fora. Ela coloca o livro espírita nas mãos dos cegos. O livro espírita explica o problema espiritual, a evolução, a reencarnação, o porquê do sofrimento; e assim diz por que somos cegos, e, dizendo isso, ele nos oferece elementos para nos renovarmos interiormente. A Spleb se interessa também pela reabilitação profissional propriamente dita dos cegos. A finalidade principal da instituição é a impressão do livro espírita em braile, de distribuição gratuita a cegos.

– Você é espírita?

– Sou. Mas não vai aí nenhum aspecto sectário. Justamente por ser espírita, sou universalista.

– Como funciona a mediunidade nos cegos, com referência à vidência e outros problemas mediúnicos?

– O primeiro Congresso de Cegos Espíritas promovido pela Spleb, em conjunto com o Grêmio Espírita Estrela de

Belém, realizado em 1962 no Instituto Benjamin Constant, visou ao estudo da mediunidade nos cegos. Em 1972 o assunto foi retomado. Assim a Spleb, que havia estendido um braço para o campo da reabilitação, estendeu também outro braço para o campo do estudo mediúnico. A expressão dessa atividade é representada pelo Círculo de Estudo Estrela de Belém, nascido de um evento que a Spleb realizou, retomando o pensamento do I Congresso de Cegos Espíritas, especialmente a questão do cego e da mediunidade.

"Estamos estudando este assunto a partir da sematologia, ou seja, na linguagem dos parapsicólogos, telecinésia ou movimento de objetos. Estamos realizando o fenômeno do copo. Cegos colocam o dedo no copo e este se move, transmite mensagens e dialoga, o que constitui prova evidente da existência do princípio inteligente, estranho ao *sujet* (ou médium).

Quanto à vidência, o fenômeno é mais complexo. Se o cego já viu, e é vidente, verá normalmente. As imagens surgirão diante de seus olhos espirituais. Quando é cego de nascença, há uma dificuldade: os neurônios do novo cérebro físico não registram nenhuma imagem visual. Eu acredito mesmo que, nesse caso, o cego vê em astral, vamos dizer que vê no perispírito; mas na hora de transferir a imagem para o plano físico, como o cérebro não adquiriu imagem visual, o cego percebe a imagem como perceberia pelo tato."

– Luiz Antônio, eu sei que você é casado, que sua esposa é também cega, professora, que seu filho é uma criança alegre e de visão perfeita. Gostaria que você me esclarecesse a participação de sua esposa nas suas tarefas mediúnicas.

– Nas tarefas espirituais, minha esposa participa como médium de efeitos físicos, atuando comigo, com o copo; é vidente. Tem várias espécies de mediunidade.

– É difícil o cego integrar-se no mercado de trabalho?

– É sim. Conheço muitos cegos universitários, economistas, advogados, professores, gente que trabalha em música, que luta com dificuldade. O cego tem que tomar seu lugar na sociedade, e Deus sabe disso, à custa de muitos sacrifícios.

"Vivemos numa civilização feita para os olhos, em que 87% da vida das pessoas é centralizada na visão. Quando alguém sem visão aparece, é como se esse alguém fosse destituído de tudo. Ninguém acredita no cego. Chegam até a utilizar intérpretes para se comunicar com cegos, como se estes fossem seres à parte. Por isso é dificílimo para o cego arranjar emprego. Há pouco tempo quiseram impedir a participação do cego num concurso do Estado."

– Qual a importância da musicoterapia na sua atividade profissional?

– A musicoterapia me realizou profissionalmente, porque ela juntou as duas coisas para as quais eu acho que tenho vocação: a música e a psicologia. Como auxílio, ela atua na área psiquiátrica, na área do lesado motor, na do deficiente mental e na do deficiente físico. Em todas as áreas, atua no campo emocional; mas na do lesado motor e na do deficiente físico ela coopera com a fisioterapia. A minha área é a psiquiátrica. Na área psiquiátrica ela atua, como todas as terapias, para fortalecer o ego e para abrir canais de comunicação entre o paciente e o mundo que o rodeia.

– Qual a impressão do deficiente visual diante da vida moderna?

– A vida moderna tem uma grande desvantagem para o cego. O volume de informações que recebemos é muito inferior ao que recebe uma pessoa de visão normal. A literatura em braile, em relação ao que era há alguns anos, já é bastante ampla, mas ainda é escassa. Os jornais circulam diariamente e as revistas saem mensalmente. O rádio é quase como um telegrama; resta o recurso da televisão. O advento da fita cassete vai melhorar a escassez de literatura em braile, mas o poder aquisitivo do cego ainda é baixo, não lhe permitindo obter gravadores.

– Agora, Luiz Antônio, uma mensagem para os queridos leitores.

– Eu queria dizer duas coisas: a primeira é que eu tive todos os motivos para ficar prostrado e para não sobreviver socialmente. No entanto, graças a Deus, isso não aconteceu. Por quê? Porque sou um gênio? Ou um superdotado? Não. Não atribuo nada disso à minha personalidade, mas à divindade que está em mim e está em todos nós. Acredito que, desde que passei a compreender que sou herdeiro de Deus, filho de Deus, nada tem sido impossível. Muito poucas coisas me têm sido impossíveis. Esse é o primeiro recado que eu gostaria de dar a quantos puderem ler. Estou dando esta entrevista para dizer que, mesmo uma pessoa que tem todos os motivos para estar frustrada, pode pairar sobre os mesmos e vencê-los, desde que não confie só nela mesma.

"A segunda mensagem é sobre a habilitação profissional dos cegos: desconfiar dos impossíveis. É claro que eu, como cego, não posso dirigir automóvel, mas quem é que me garante que a ciência não criará, de hoje para amanhã, um processo que permita fazer isso? E quem é que me garante que as impossibilidades que me apontam não existem apenas na mente dos que as apontam? Vou dar um exemplo. Eu ganhei um rádio de pilha certa vez, e perguntei: "como é que a gente troca as pilhas no rádio? Responderam-me: 'É muito difícil. Quando quiser trocá-las nos chame, senão você vai quebrar tudo'. Eu disse comigo: 'É mais uma coisa para depender dos outros. Mas em todo caso, vá lá!' Para minha vergonha, quem me ensinou a trocar a pilha do meu rádio foi a minha namorada de então, que não enxergava nada, como eu. Precisamos desconfiar dos impossíveis. Não posso fazer? Pois vou experimentar. Esta é a política, se quisermos realmente sobreviver no campo social."

Um homem de ação imóvel

Aurino Costa revelou extraordinária firmeza no sofrimento. Permaneceu mais de 30 anos deitado, sem poder sentar-se. Aliou a paciência à dor e manteve uma heróica e obstinada atitude realizadora, esperando, preparando-se para os anos de trabalho construtivo que viriam. Chegado o momento, comandou a implantação da Ação Cristã Vicente Moretti, transformou-a em uma organização definida, à qual deu sentido assistencial objetivo.*

Pelo que realizou, pelas experiências difíceis que o tornaram um espírito qualificado, pelas superações, angústias e solidões, fé inquebrantável e persistência, pelo modo como transformou seu infortúnio em fecundo trabalho em benefício de muitos necessitados, pelo que exemplificava, ele é, sem dúvida, um símbolo de afirmação e vitória espiritual, servindo de estímulo a outros que, com dificuldade, às vezes

* Instituição espírita fundada em 1961 no Rio de Janeiro. (N.E.)

com desespero, vêm se afirmando como almas no difícil caminho das provas e experiências renovadoras.

– Aurino, como decorreu sua infância?

– Nasci em uma serra em Santíssimo. Minha mãe era analfabeta, mas de grande e nobre coração. Meu pai era carvoeiro. Naquele tempo não havia gás; o carvão vegetal era o único combustível existente. Minha mãe e os filhos sempre o acompanhavam em seus trabalhos. Mudamo-nos, depois, para uma localidade chamada Saco de Viegas. Meu pai já não trabalhava com carvão – morávamos no povoado –, ele, porém, tinha atividade em lugar distante; só nos fins de semana vinha em casa. Durante a gripe espanhola, ele faleceu. Eu tinha, então, quatro anos; era o caçula de um total de oito irmãos. Vivíamos numa situação de absoluta pobreza. Minha mãe assumiu os encargos do lar: trabalhava na roça e algumas de minhas irmãs, em casa de família. A mais velha casou-se logo após a morte de meu pai; os demais irmãos, os que estavam em condições de trabalhar, passaram a ter ocupações que lhes permitissem alguma renda. Minha mãe passou a trabalhar em casa de família, e quase sempre ao voltar a casa, no fim do dia, ela nos trazia seu jantar, para nós, pequenos, que ficávamos em casa. A situação do lar alterou-se; minha mãe teve um companheiro, também viúvo, com seis filhos. Nessa união, ela não foi feliz. Nós vivíamos mais tempo na casa dos irmãos, ora aqui, ora li, ou servindo de criado nas casas de família, sem ganhar nada. Eu era ainda menino de calças curtas.

Minha mãe morreu em 1939. Daí por diante, eu deveria pensar seriamente nos meus problemas.

– Chegou a freqüentar escola?

– Sim. Durante três anos freqüentei escola primária. Diariamente, à tarde, descalço, eu ia para as aulas no grupo escolar. Fui sempre o primeiro aluno, sempre tirava dez; e, no dia em que tirei nove, chorei muito. Eu era o aluno mais pobre da classe. O professor, vendo-me em prantos, disse à turma que eu chorava de vergonha por ter tirado nove, embora fosse uma nota honrosa. Nessa época, já com 10 ou 12 anos, comecei a sentir dores nas articulações e cãibras. Não tinha mais condições de permanecer na escola; fui trabalhar em uma oficina como aprendiz de enrolador. Era muito pequeno, não alcançava a máquina; utilizava-me de um banco, no qual subia para trabalhar. Ganhava Cr$ 1,50 (um cruzeiro e cinqüenta centavos) por dia. Nesse emprego fiquei uns três anos. Minha saúde piorou, não tive condições físicas para trabalhar. Voltei para casa. Fiquei definitivamente com minha mãe. Desde minha primeira infância era doente. Acentuou-se a piora de meu estado geral, como disse, pelos 12 anos, e mais ou menos nessa época estive internado alguns meses num hospital em Santa Cruz. Voltei para casa, mas logo depois tornei a internar-me na Santa Casa, onde permaneci em tratamento durante 10 meses. Antes, já havia procurado assistência dos doutores Miguel Couto e Miguel Couto Filho; mais a deste do que a do pai, que já se encontrava idoso e doente. Depois, em outra enfermaria, fui desenganado pelo doutor Aloysio de Castro. Os médicos da 7ª, 5ª e 9ª Enfermarias chegaram à conclusão de que a medicina, naquele momento, não tinha possibilidade de restabelecer a minha saúde. Tive um grande choque. Voltei para casa desiludido. Senti minha vida esfacelada, para todo o sempre. Isso foi mais ou menos em 1933. Dessa época datam meus primeiros contatos mais diretos com a Doutrina Espírita, apesar de, antes, já ter convicção. Nessa época, tive contato aproximado com Leopoldo Machado, Humberto de Aquino, Marcílio Vaz Torres, Álvaro Videira, Pedro Lina etc. Vários grupos religiosos visitaram-me e eu já me encontrava intimamente ligado à Doutrina Espírita.

Meus pensamentos se fixaram em como conseguir viver dentro daquela situação. Alguns anos antes, eu já tinha a intuição de que minha vida, aos 20 anos, seria diferente. Diante de mim parecia haver uma montanha impedindo meus passos. Meu destino estava marcado. Realmente, aos 20 anos, já me encontrava inutilizado. Dos 16 anos em diante, não andei mais. Aos 20, perdi a esperança de vir a andar. Passei então a pensar como sobreviver à catástrofe da minha vida. Minha família era paupérrima. Eu não tinha condição para tomar nenhuma providência. Ninguém podia resolver meus problemas. Eu estava sozinho. Depois de muito pensar, cheguei à conclusão de que deveria refazer meu destino. Tinha que me realizar de qualquer forma. Uma poderosa coragem começou a brotar-me do íntimo. Senti que deveria vencer na vida, apesar de naquele momento estar completamente derrotado. Nessa época, renovei minhas leituras sobre o Espiritismo e li toda a coleção kardequiana. Uma nova concepção nasceu em mim, fazendo-me aceitar a vida tal como ela se apresentava.

– Quando você vivia horizontalmente, tinha esperança de sair dessa situação?

– Fiquei 39 anos deitado, na horizontal. Desde o princípio senti que não ficaria bom. Preocupava-me muito com a morte. Intimamente, eu já esperava as limitações decorrentes de minha doença, mas, mesmo assim, a realidade chocou-me tremendamente. Era submisso aos desígnios divinos. Mantive secretamente a chama da vitória, que daria expressão a minha vida. Li bastante. Estudei um pouco, sozinho. Voltei-me para Deus. Colaborei no jornal *Aurora*, de Inácio Bittencourt, no qual fiz muitas amizades. Através do jornal, consegui, mediante apelos, adquirir um carrinho apropriado, o qual me foi entregue antes do falecimento de minha mãe. Depois disso, fui para o Grêmio de Propaganda Espírita Luz e Amor onde convivi com Vicente Moretti.

– Como sentiu a transformação ocasionada pela doença?

– Foi, primeiro, de lágrimas intensíssimas. Depois, de calmaria, e, posteriormente, de coragem para ultrapassar e vencer a situação. Nunca me revoltei. Eu me sentia, diante dos colegas e de todos aqueles com que convivia, com muita altivez. Não com a altivez que fere, mas com a que nos deixa resolutos diante das circunstâncias dolorosas da vida.

– Após a enfermidade, como decorreu sua vida relativamente ao tratamento, à situação em família e às dificuldades que enfrentou?

– Após a enfermidade que me impediu de me locomover livremente, trabalhar, estudar, e tudo o mais, passei a me ocupar com o estudo de coisas espirituais. Voltei-me para o lado espiritual da vida. E isso permitiu que eu tivesse um relacionamento ativo com grandes líderes espiritualistas da atualidade, que passaram a me dar uma cobertura muito grande. Eu recebia caravanas de longe; convivia com pessoas de grande prestígio, que sempre me visitavam. Era uma convivência fraterna, e essas pessoas passaram a me dar uma cobertura muito boa. Assim fui me firmando mais nas minhas convicções espirituais e, com isso, melhorando gradativamente o nível de minha vida.

– Seu despertar espiritual resultou do sofrimento ou decorreu da formação espiritualista do lar?

– Nem de uma coisa, nem de outra. Meus familiares não tinham formação espiritualista, embora não fossem ateus. Eu, desde muito pequeno, já dizia a outros garotos que se algum dia tivesse uma religião seria espírita, pois me preocupava muito com a morte. Diante da possibilidade de um dia a gente morrer, eu achava que a vida era vazia. Lembro-me de um fato significativo: em um barraco, perto de minha casa, morava um senhor espírita. Certa vez, fui com minha mãe e meu padrasto assistir a uma palestra que ali estava sendo realizada sobre Santo Antônio de Pádua. Durante a exposição, eu me desliguei do corpo. Pairei acima da assistência, e em verdadeiro estado de êxtase, fiquei ouvindo a palestra, durante o tempo todo. Ao terminar a reunião, eu disse à minha mãe: "Nunca mais deixarei de freqüentar um centro espírita, pois foi a maior alegria de minha vida". Nunca mais esquecerei essa experiência. Meu despertar espiritual não foi devido ao ambiente do lar, porque muito antes de minha família ir a um centro espírita, eu já dizia que seria espírita, se algum dia abraçasse uma religião Perguntavam-me se era católico. Não podia dizer que era, porque não ia à igreja. Não foi, portanto, influência do lar.

– Seria então uma manifestação espontânea da sua natureza? Ou proveniente da dor?

– Era algo que estava em mim, um sentimento que surgiu muito antes da dor, talvez aos sete anos; eu ainda jogava bola de gude, e não tinha nenhum problema, de maneira que era uma coisa espontânea. Certa vez eu soube que determinada senhora desencarnara com muita tranqüilidade. Perguntei a alguém qual era a religião dela. A pessoa respondeu-me: "Era espírita". Afirmei: "Seguirei então a religião espírita. É isso que procuro: descobrir por que a gente morre".

– Após o desencarne de sua mãe, que rumo tomou sua vida?

– Após o desencarne de minha mãe, no dia 5 de janeiro de 1939, eu, novamente, senti-me sozinho, embora tendo por companhia meu padrasto, um irmão natural e um adotivo. Em dinheiro, eu só possuía Cr$ 800,00, como resultado de uma campanha feita anteriormente através do jornal *Aurora*, de Inácio Bittencourt. Essa importância me possibilitou, inclusive, doar uma cadeira de rodas a um menino com hidrocefalia e sem locomoção.

"Minha irmã convidou-me para morar com ela; mas eu achei que ela não deveria tornar-se responsável pelo meu destino e, muito menos, virar minha criada. O mesmo aconteceu com um irmão que também me fez o convite. Agradeci, mas não aceitei. Senti que estaria completamente liquidado se ficasse entre as quatro paredes de um quarto, dirigido por outros, sem esperança de um futuro, sem possibilidade de nenhuma atividade; resolvi, então, não aceitar o convite, pois precisava pensar melhor o que deveria fazer. Nessa época eu era muito relacionado no meio espírita e, conversando com Vicente Moretti, presidente do Grêmio de Propaganda Espírita Luz e Amor, indaguei-lhe da possibilidade de ir morar no Grêmio, vivendo às minhas expensas, não tendo a instituição nenhuma responsabilidade comigo. Consultada a diretoria, meu pedido foi aceito. O Grêmio me cederia, na parte de trás de sua sede, uma pequena faixa de terreno, onde eu construiria um quarto para morar.

Era a primeira vitória; a porta para a liberdade se abria e os horizontes se ampliavam diante de meus olhos deslumbrados... E, a 13 de maio de 1939, eu me mudava para o Grêmio Luz e Amor, sendo recebido com expressiva homenagem fraterna, organizada pela inesquecível Zita Moreira, uma das pessoas impressionantes que pontificaram na minha vida. Todos me abraçavam e beijavam num ambiente festivo, de paz e muitas flores."

– Como atendeu às suas necessidades depois que foi morar no Grêmio Luz e Amor?

– Uma prima de quarto grau, Benedita Fernandes, mandava-me o almoço. Outra prima, Nadir Carvalho, que até aquele momento me era desconhecida, abria meu quarto e fazia-me o primeiro lanche do dia. Luís de Carvalho e esposa e primos, que eu conhecera no Grêmio, também me cumulavam de gentilezas. Outros primos, Lúcio e Arlindo Curvelo, se encarregavam de empurrar meu carrinho, tipo automóvel, para onde eu quisesse ir. Outros rapazes e moças também se colocavam à minha disposição para passeios, onde eu sempre me constituía numa atração, pela simpatia, tratamento amigo, e alegre sorriso que a todos dispensava. Nas ruas era constantemente interceptado por pessoas conhecidas ou que desejavam me conhecer, sendo que, certa ocasião, na rua principal de Bangu, uma pequena multidão interditou o trânsito para me ver, conhecer e falar comigo.

"As pessoas me traziam tudo de que eu precisava, e ainda o supérfluo; outros vinham buscando uma orientação para seus diversos problemas: domésticos, ajuda material, internação para crianças, pessoas idosas etc. A todos atendia com dedicação, paciência e vontade de servir, no que, quase sempre, obtinha êxito completo. Servir era meu lema."

– Parece que a expressão do seu grande círculo de amizades ocorreu a partir de sua ida para o Grêmio.

– Meu círculo de amizades sempre foi grande, e cresce sempre, e aumentou consideravelmente desde que fui morar no Grêmio. Amigos e mais amigos, vindos de todas as partes. Entre estes, Manoel Jorge Gaio, um dos que ampliaram minha casa, tornando-a confortável e pitoresca. E muitos outros que me dispensavam muita consideração.

"Eu mantinha correspondência com pessoas de quase todos os estados. Mas, em meio a tudo isso, meu objetivo, desde que aprendi as lições do Espiritismo e do espiritualismo em geral, era me conhecer, me vencer e me libertar para sempre das reencarnações obrigatórias. Fazia muitos exercícios espirituais que me desenvolveram faculdades: saía conscientemente do corpo e tinha com freqüência revelações em sonho."

– Houve quem se desvelasse em auxiliá-lo?

– Sim. No Grêmio, tive a dedicação de uma senhora de nome Glória de Moura (dona Santa), que se desvelou em cuidar de mim, substituindo minha mãe com tanta perfeição que ambas as pessoas se confundiam no meu coração. Um dia adoeceu e desencarnou, deixando, em mim e nos que a conheceram, imensa e elevada saudade. Outros acompanhantes passaram em minha vida, como Isolina Seriatti, funcionária pública, com quem me transferi para a rua Maravilha, 308, Bangu, e que foi meu braço direito na primeira fase da obra.

– Foi aí que você praticamente criou a Ação Cristã Vicente Moretti?

– Foi. Como disse, eu me transferi em 1961 para a rua Maravilha, 308, Bangu. Nesse local, em cima da cama, no dia 24 de janeiro de 1961, às 20 horas, fundei, juntamente com Isolina Seriatti, a Ação Cristã Vicente Moretti, em solenidade muito concorrida. Estávamos instalados em uma casa inacabada, doação de Geraldo de Aquino, que, generosamente, recusou qualquer pagamento. Entramos em obras e, em 27 de junho de 1965, a Ação Cristã foi inaugurada com oito crianças portadoras de paralisia cerebral.

– Daí por diante, como se desenvolveu a obra?

– Quando tive alta do hospital São Francisco de Assis, em março de 1969, apressei a construção das dependências para implantar a fisioterapia e, conseqüentemente, a equipe técnica. Em 13 de setembro de 1970, iniciou-se o trabalho da equipe técnica, com a inauguração festiva da fisioterapia, cujas dependências receberam o nome daquele que me ergueu do leito para uma vida melhor e mais produtiva, o doutor Waldemar Rosa dos Santos, que esteve presente à solenidade.

"Atualmente, em 1977, a ACVM tem 70 crianças internadas com paralisia cerebral e mais 350 em tratamento. O ambulatório possui 85 funcionários, inclusive uma equipe técnica completa de 30 médicos e técnicos universitários. A ACVM fica em um terreno com 2.300 m^2, onde está sua sede, uma sala no largo da Carioca e um terreno de aproximadamente 50 mil m^2, para onde serão transferidos todos os seus serviços, ampliados naturalmente, tão logo seja possível executar o projeto já em mãos de dois arquitetos. O que precisamos, agora e sempre, é da colaboração de todos, já que temos sobre nós a proteção de Deus."

– Em sua longa experiência, que fatos marcantes deseja destacar?

– Por ordem cronológica, eu diria que o mais recuado e marcante foi o primeiro livro espírita que li: *O espírito das trevas**. Depois, foi o dia 13 de maio de 1939, quando encontrei uma pequena multidão, no Grêmio, com flores para me receber, dando-me atenções e carinho fora do comum. Guardo, ainda, como fatos marcantes, o dia em que fundei a Ação Cristã Vicente Moretti e o dia em que saí do hospital, com alta definitiva, depois de amputadas as pernas e com as possibilidades atuais de ficar na vertical.

---

* Livro publicado pela FEB em 1954, de Celestina Arruda Lanza. (N.E.)

– Como suportou as limitações físicas durante a mocidade?

– Com certa dificuldade, evidentemente, Eu me convenci de que um dos objetivos de me encontrar em uma situação física bastante agravada, com profundas limitações, era realmente o trabalho espiritual que deveria realizar em meu ser, no sentido de me desligar, o mais possível, de tudo o que me prendesse à Terra. Daí me surgiu um grande desejo de ser sacerdote. Adquiri um estado vibratório de muita pureza a ponto de, em determinada fase da minha vida, sair normalmente do meu corpo e a ele voltar espontaneamente. Mesmo em sonho eu sabia que estava dormindo, e deslizava sobre mares, rios, lagos, montanhas, florestas. Foi um período maravilhoso, em que meditava e estudava muito. Nessa época, também, sentia-me profundamente atraído pelo sexo oposto, que me dava grande assistência, o que me obrigou a ultrapassar e dar nova orientação às solicitações do desejo, e, assim, a sentir a beleza da vida, tal como ocorre quando procuramos aquilo que nos desliga do plano material.

– O tratamento a que você se submeteu correspondeu aos sacrifícios feitos, melhorou sua capacidade de trabalho?

– O sacrifício foi altamente compensado, pois me permitiu maior capacidade de trabalho e fez com que a Ação Cristã se desenvolvesse a ponto de chegar à situação atual. Em 18 de junho de 1967, graças à interferência da senhora Natércia Martagão Gesteira, fui para o hospital São Francisco de Assis, onde fiquei sob os cuidados do professor de ortopedia, doutor Waldemar Rosa dos Santos, que, depois de sete cirurgias terrivelmente dolorosas (havia 39 anos que me encontrava imobilizado, movendo apenas os braços), conseguiu me colocar na vertical, mas sobre o tronco, última opção encontrada para a solução do meu problema. Tive alta em março de 1969, depois de intervalos em que eu, licenciado do hospital, passava semanas na obra.

– Seu problema causou inquietação aos seus familiares?

– Causou muita preocupação; foram realizados todos os esforços possíveis para que eu me restabelecesse. Por todas essas manifestações de atenção e solidariedade, sinto muita gratidão por todos os que me rodeavam.

– Além da espiritualidade que marcou sua formação, a fé que você tem demonstrado, já existia na criança que você foi, ou despontou na dor, nos vazios que só Deus pode preencher?

– De certo modo sempre tive fé no poder supremo, mas, na realidade, a fé despontou em mim, com toda a intensidade, nos vazios da dor. E dentro deles encontrei esperanças que me trouxeram até aqui.

– Diga alguma coisa a respeito da renovação moral e espiritual efetuada pela dor.

– A dor é fruto da misericórdia divina. É como um dique a impedir que as criaturas prossigam agindo erroneamente com relação à própria vida. A finalidade da dor é sempre levar o ser a refinar o coração, a purificar o sentimento, tornando-se desse modo um fator preponderante para a elevação de uma vida.

– O que a dor lhe ensinou de especial?

– A dor me ensinou a compreender o sofrimento alheio, a vivê-lo e a sentir a dor de todas as angústias e limitações. Não dou conselhos a ninguém a respeito do sofrimento. Prefiro sofrer junto com a pessoa. Procuro penetrar no coração da pessoa que sofre e sofrer com ela, a fim de elevá-la acima da própria dor.

– Qual a importância do amor no dar e receber?

– No amor, quando é dado, nós nos assemelhamos a Deus. Estamos tirando do nosso coração aquilo que é o sustentáculo da vida em todo o universo, e que Deus colocou em nosso coração para transferi-lo a outro ser. Então, nós nos sentimos como se estivéssemos imitando o próprio Criador, na sua grandeza criadora; e, quando o recebemos, devemos recebê-lo com humildade, sabendo que ainda é o Criador que está transferindo, de uma criatura sua, o amor para o nosso coração, o nosso ser, a nossa vida, para nossa realização. Enfim, o amor dado ou recebido sempre vem de Deus.

Oração do paralítico

Aqui me tendes, Jesus, diante de vós,
Com emoção e amor!
Nada tive neste mundo, vós o sabeis.
Também eu não precisava de nada.

E se neste momento me perguntasses,
Com a bondade infinita de vossa alma,
O que fiz de todas as lágrimas que chorei,
Diria com humildade:

Guardei-as
Para oferecê-las a Deus

No Dia da Redenção.
E, colhendo em meu peito
As angústias do mundo,
Acrescentaria numa súplica:

Fazei, ó Mestre,
Que todos os meus irmãos que sofrem,
Sem esperança e sem consolo,
Possam compreender a grandeza da lágrima.
Os olhos em pranto são taças de luz...

AURINO COSTA

Os passos de um caminho

Fernando Uchôa, meu amigo de muito anos, que me tem ajudado na revisão de meus livros, por mim solicitado a relatar suas experiências de deficiente físico, vítima da paralisia infantil, não se furtou ao pedido, oferecendo um relato de suas dificuldades físicas, morais e espirituais, num exaustivo processo de reabilitação. Seu objetivo foi transformar sua experiência em uma mensagem de solidariedade humana.
É bacharel em direito, técnico de administração de Serviço Público Federal, professor, escritor, poeta e prosador. Para mim, acima de tudo, ele representa um dos caracteres mais humanos que conheço.
Obrigada, Fernando.

"A lembrança mais antiga que minha memória registra é a da morte. Resistiu ao tempo e permanece intocada. Fecho os olhos e revejo o quadro. Eu devia ter uns dois anos de idade. Uma senhora já idosa, mas forte, que sempre visitava minha mãe, apareceu um dia, creio que pouco antes do almoço, pois muitos anos depois, quando o fato era lembrado, diziam que ela não aceitou almoçar por não estar se sentindo bem, com uma indisposição, problemas de estômago.

Estavam todos reunidos na sala da frente. A janela aberta. Um dia claro. Foi-lhe servido um chá. A senhora segurou a xícara, sorveu um pouco do líquido. Ficou meio tonta. Desfaleceu. Tombou. Estava morta. Uma moça de cabelos negros me tomou nos braços e entrou comigo na sala. Vi a cena. Todos agitados com o imprevisto da situação. A emoção dos que ali estavam não me atingia. Não me lembro do que diziam. Só recordo o que vi. A imagem da morte, muitos anos depois, cresceu em minha mente. Tornou-se então uma idéia: a sombra onde se recolhem todas as aventuras, esforços e sacrifícios humanos. Compreendi que na vida tudo é impermanência. Quem sou eu? Quem é o desconhecido que está em cada criatura? Que mistério encerra? Que rumos o levam quando desaparece do cenário terreno? Que dimensões tragam os seres, desafiando-lhes o entendimento limitado na forma de terceira dimensão (estágio a que atingiu a evolução de nossa consciência profunda, o ser espiritual que somos, andarilhos de uma inconcebível jornada?).

Meus familiares dizem que dos dois aos três anos fui muito ativo; fugia, abria o galinheiro, soltava as galinhas, gostava de acompanhar as empregadas quando saíam para fazer compras, examinava tudo, revirava gavetas, indagava, mexia nas coisas guardadas. Talvez pressentisse que os dias de minha liberdade estavam contados. Aos três anos adoeci. Febre, mal-estar. Parecia gripe. O mal foi por fim diagnosticado: paralisia. Foi, creio, uma forte epidemia. Os que não morreram foram intensamente atingidos.

Dias e anos difíceis começaram. Inúmeros tratamentos médicos. Experiências diversas. Os curandeiros da época foram consultados. Tudo inútil. Longa permanência no leito. Um recomeço difícil. A vida ficara diferente para todos. O imprevisto chegava. Fazia poucos anos que meu irmão mais velho falecera com pouco mais de um ano de idade. Estávamos aprendendo duramente. Minha saúde absorvia grande parte do orçamento familiar. As dificuldades financeiras e outras resultantes da situação geral trouxeram sérias preocupações. O tempo foi passando, e eu retomei minha infância do modo que me foi possível vivê-la. Corria pela casa, ávido de participar de tudo, conhecer, atuar, sentir. Tinha o instinto da vida e queria vivê-la, embora ela tivesse imposto muitas limitações. Eu me movimentava como um quadrúpede. Eu e o cão de minha casa andávamos de quatro. Às vezes, parávamos em frente ao espelho do guarda-roupa, um espelho do tamanho da porta, muito grande, vinha quase até o chão. Do outro lado do vidro o meu espanto me olhava nos olhos. Os olhos do cão indagavam o que nunca poderiam entender. Por que o outro cão-criança se olhava assim tão fundamente e silenciava?

Eu me arrastava também sobre as mãos. Depois de exercitar-me um pouco mais, preferi andar de quatro. Os joelhos calejavam e não mais doíam. Tornaram-se duas placas escuras.

A necessidade de participar e a imaginação muito me ajudaram. Eu precisava me envolver com as outras crianças para obter delas o que não podia fazer. Tinha relativa facilidade de me expressar. Inventava coisas. Dizia que falava com borboletas e grilos. As crianças duvidavam. Eu lhes explicava então fantasias absurdas. Coloria absurdos para que se tornassem possíveis nas coisas diárias. Valia-me das histórias infantis que liam para mim. De muitas ainda recordo. *El rei don sapo*, *Bem-te-vi feiticeiro*, livros de Monteiro Lobato, Andersen e outros. O lombrigoplano do professor Pipoca era uma mentira gostosa. Por que não poderia eu inventar também mentiras lindas? No íntimo eu estava pedindo aceitação. Queria prendê-los para que não fossem para longe com suas algazarras; não deixassem distante sua espontaneidade e alegria.

De vez em quando eu sentia um grande vazio atingir-me por dentro. Fui compreendendo muitas coisas. O mundo era estranho. A mãe do menino J., de oito anos, chorando o filho morto. Eu queria ver seus olhos de perto, olhos de dor e pranto. Essa morte era diferente da outra que eu recordava apenas como imagem. A face da jovem mãe estava marcada de pesar. De seus olhos saíam algo estranho, a marca, a luz dos que são atingidos nos sentimentos de profunda estima e amor. A morte de minha avó paterna era outra morte. Morte deitada. Morte silêncio, cheirando a muitas flores. Uma decoração de pesar. Uma morte visitada por estranhos. Os adultos chegavam e olhavam a face da morte, sem entender nada do fim. Todos expressavam surpresa e cordialidade. Eu não sabia que era assim. Muitos anos depois é que vim a entender aqueles significados.

Uma coisa a morte apresentava em todos os mortos: a incomunicabilidade. Diziam: descansou. Era isso? Descanso.

Às vezes eu sentia necessidade de demonstrar alguma capacidade de me destacar (sentia-me reduzido e fraco). Uma tarde, meu irmão, mais velho que eu, brincava com outros companheiros embaixo da varanda que dava para o quintal. Propuseram brincar de bombeiro. Quatro garotos abriram uma toalha velha, cada um deles segurava em uma das pontas. Perguntaram quem ia se atirar deitado. Ninguém ousou. Ofereci-me. Recusaram. Insisti. A varanda devia ter um metro e meio de altura; apesar disso a queda poderia ser fatal. Atirei-me e me senti dividido. As coisas em volta não tinham sentido. Depois uma dor geral me envolveu, engoli um gemido de angústia. Pálido, desfalecido, me levaram para dentro de casa. Meu falso destemor pusera em evidência o que eu sabia mas disfarçava: era um menino infeliz, precisava aprender alguma coisa; não sabia o quê. Em certas ocasiões, tudo me parecia absurdo. Eu saía da mais intensa manifestação de alegria para um estado de preocupação e abatimento.

Gostava de chamar a atenção de outras crianças sobre mim e também de ocultar meu mundo interno. Sério e compenetrado, ameaçava os menores de alagar o mundo, arrebentando os canos condutores d'água. Minha pequenina irmã tremia e achava que eu era poderoso. Talvez fosse. Eu fazia força para recolher o melhor para minha vida. Os pequeninos não tinham olhos para ver a realidade da qual eu era expressão.

Acontecia, também, de eu acordar durante a madrugada e ficar sentindo 'uma impressão'; não sabia pensar. Se hoje eu voltasse àquele tempo, sentiria a responsabilidade, a dificuldade de viver. Tinha a impressão (sem me conscientizar) de que viveria situações difíceis.

Quase aos oito anos fui levado ao doutor Zander, que me fez um minucioso exame. Disse que eu precisava ser operado. Era a única solução. Ele e meus pais colocaram nas minhas mãos a decisão. Possivelmente, o êxito era duvidoso. Ingenuamente, perguntei ao médico se após o tratamento eu poderia jogar bola. Respondeu-me que sim. Fui para casa pensando. Via-me jogando futebol na rua, entre os meninos. Resolvi aceitar a cirurgia; desse modo conquistaria a posição vertical. Andava de quatro, mas me sentia grande; a humilhação é que me torturava. Operando-me, talvez não deparasse mais com os olhos de meu pai, envergonhado de me ver escapulindo pela calçada, de quatro, atraído pelos folguedos de outras crianças. Ele devia sofrer muito, mas seus olhos de pesar me magoavam; denunciavam minha condição. Muitas coisas deixavam de ser feitas em casa por causa da minha situação. Surpreendia conversas a meu respeito; planos financeiros eram elaborados em função de minha condição física. Restrições e preocupações me tinham como objeto. No íntimo, comecei a sentir um complexo de culpa. Pouco antes das operações,senti um desânimo profundo. Até aquele momento, todos os tratamentos não tinham dado os resultados desejados; nem rezadores, milagreiros, promessas, sessões espíritas. Senti que ia sofrer muito. Talvez não valesse a pena. Hoje, sei que sempre vale. Até na hora da morte devemos lutar pela vida como um dever; não como forma de apego, não desesperados pelo temor.

A senhora morta, na sala de minha casa, quando eu era pequeno, parecia uma forma de silêncio, um sono sem consideração pelas coisas que nos cercam, um alheamento completo. Eu já sabia um pouco de solidão. Aquela, porém, era ostensiva. Algumas vezes ouvi a recomendação geral para não deitarmos no ladrilho, pois poderíamos apanhar uma pneumonia, e pneumonia matava. Não me passava pela cabeça morrer. Eu optava pelas cirurgias deixando-me esculpir em sangue e inquietação porque amava profundamente a vida. Mas a vida precisava me dar uma razão para aquele esforço; precisava dar sentido ao incompreensível jogo do meu destino. Não sabia nada de Deus. Repetia umas orações que aprendi, como se falasse sozinho. Em todos os momentos difíceis, as promessas, orações e pedidos não tiveram resultado; pelo menos aparente. Não tinha vontade de morrer, mas senti um grande desânimo. Queria me ocultar profundamente, para não viver aquele momento (talvez suicídio inconsciente). Queria me recolher. Se ficasse doente, descansaria, dormiria. Tirei a camisa e dormi sobre os ladrilhos. Aconteceu que realmente tive pneumonia.

Fui operado. Uma, duas, seis vezes. Meu fim neste mundo quase chegou. Tive tétano, gangrena, septicemia. Desastres cirúrgicos. Certas partes dos membros ficaram definitivamente lesadas; outras, melhoraram. Depois de muitas lutas e com aparelhos consegui a posição vertical. Apoiava-me na bengala e andava. Longo tratamento. Não deu para jogar bola. Compreendi o exagerado estímulo do médico. Apesar dos insucessos devo-lhe a locomoção. Todos os dias, durante meses, um ano, pouco mais talvez, bem cedo, com minha mãe, tomava o bondinho puxado a burro, da Vila Militar, e íamos até a estação. Aí tomávamos o trem. Saltávamos na Central. De ônibus seguíamos até a avenida Rio Branco, onde ficava o consultório médico. Aguardávamos a vez de ser atendidos, já às nove e trinta. Fazia uma hora de exercícios, choque elétrico, massagem, movimentação dos membros em aparelhos mecânicos. A eletricidade me incomodava. O treinamento mecânico doía. Chorava e temia a altura e o vozeirão do médico, enérgico, quase não admitindo fraquezas. Um dia, o doutor Zander chamou o sapateiro ortopédico da clínica, o senhor Kurt. Estudaram o problema do pé e decidiram que eu devia usar botina com língua de metal. Senti que a decisão resultaria em tortura. Não sabia expressar-me, mas tinha certeza de que estavam errados, apesar de quererem me ajudar. Não entendiam que toda vez que eu desse um passo, o metal enterraria na carne. Foi o que aconteceu. A princípio me disseram que devia acostumar-me. A dor me transtornava. A chaga expandiu-se. Quando viram o sangue correndo, compreenderam que o dispositivo ortopédico fora inútil e prejudicial.

Na longa viagem de trem, eu vinha decorando a paisagem, aprendendo as coisas do subúrbio, vendo gente e sentindo o calor da condição humana. Quando o cansaço me prostrava, adormecia. Chegava em casa depois do meio-dia.

Logo após as operações, eu ficava em casa de minha avó materna em São Cristóvão. Permanecia na cama, com as pernas envolvidas em pesados aparelhos de gesso. Os companheiros da vizinhança e primos vinham me visitar, mas não lhes agradava o encarceramento no pequeno quarto. Logo escapavam para brincar alegremente na rua. Apenas a imagem fraterna e lírica de uma menina ficou em minha memória e tocou meus sentimentos por sua elevação. Era uma vizinha, morava ao lado da casa de minha avó. Todas as manhãs, às dez horas, antes de almoçar e ir para o colégio, aprontava-se e, vestida com o uniforme limpo e bem passado, vinha me visitar. Trazia sempre uma flor e um biscoito. Beijava-me e me falava de muitas coisas. Dava-me coragem e acreditava em minha recuperação. Afagava meus cabelos. Despedia-se. Quando retornei à Vila Militar, costumava ficar debaixo das mangueiras ouvindo os pássaros cantarem, ou perto dos pés de ingá, cajá, manga, jabuticaba e das laranjeiras. As cigarras ciciavam no verão, ventos de longe zumbiam, borboletas passavam exibindo suas belas asas amarelas, azuis, cor de barro. Eu via, ficava em silêncio, isolava-me. Aprendia retiros. Não gostava de piedade. Era sensível. Passava do encantamento à agressividade. Mentia dizendo que entendia os pássaros. É possível que de algum modo os entendesse. Ouvia os sanhaços com admiração. Os canários-da-terra festejavam as coisas da manhã. Os bem-te-vis afirmativos fiscalizavam o dia. O que os pássaros cantam? Cantam sua vida. Saber cantar é importante. A vida deve ser uma canção. E um vôo. E o homem, um aprendiz. Eu aprendia a ver, a bater as asas da imaginação. O louva-a-deus é de silêncio e gestos leves. Isso eu compreendia. O grilo é comedido e estranho. Eu o tocava com um pedacinho de galho, tentando ver como suas asas se movimentavam. Ele, esquivo, erguia a perna, reprovando minha impertinência que agredia a seriedade leve de seus gestos. Saltava. Distanciava-se. As formigas ativas, incansáveis, passavam pela mangueira e se metiam num buraco aberto numa elevação de terra perto do muro. As crianças corriam longe; eu aprendia coisas de bichos, cheganças de ventos, a arte do canto com as aves e sonhava voar. Quando a gente não pode remover a montanha, deve aprender a sobrevoá-la. Descobrimos, então, toda a importância que ela encerra, seu poder, beleza e as extensões que une. Voar é uma liberdade bonita. Primeiro o desejo de liberdade pela consciência de que não se é livre. Ver o vôo dos que voam, que é como despertar. Colocar as asas da imaginação no dia, com suas melhores cores e aprender a cair e a erguer-se hoje, amanhã e sempre, até se tornar o vôo de um pensamento sem algemas.

O mar também tem um sentido de desafio e murmura e fala as linguagens da vastidão. Eu andava escorado em minha bengala. O mar me acordava quase todas as noites, de madrugada. Recordo um mar antigo e eterno. Sim, minha infância já foi para a eternidade, onde a vida e a morte recordam seus segredos, os ritmos de sua dança fantástica, as curvas de seus vôos viageiros. Eu sentia o instinto do mar. Um mar libertador, que esmaga dores e lava cinzas com suas espumas de avanços e cansaços. Foi pensando nesse mar que um dia venci o concurso de poesia Canção do Mar, do *Diário de Notícias*, do Rio de Janeiro. Foi pensando nas praias batidas da alma, nos acréscimos e despojamentos das estações que nos fazem uma grande e inesquecível estação que obtive o primeiro lugar no Concurso Nacional de romance do Clube do Livro de São Paulo. Foi pensando nas mutações e transfigurações humanas que recebi o prêmio da Academia Mineira de Letras com o livro *A face e o tempo*. Foi pensando na saga de todas as vidas, onde está minha vida, que escrevi outros livros e obtive outros prêmios. Se não pude voar num vôo claro e excelso, voei como bruxo lento sobre minha bengala. Afinal, na vida, tudo é uma forma de encantamento. Um dia tiraremos a máscara, num momento derradeiro, e, serenos ou com espanto, diremos: eis que eu sou.

O mar plangia e falava. Tinha um hálito marcante que o vento bocejava. E eu, tímido, o ouvia, aprendendo artes de intérprete. Um dia, aceitei o desafio e, menino de 11 ou 12 anos, meti-me em uma pequena canoa e deixei-me ir na hora da maré vazante. Não sabia como voltar. Mas naquele instante não temi. Eu estava só e recreava minha solidão. Um pescador, ao passar por perto, desconfiou da viagem sem remos, aproximou-se, amarrou uma corda na canoa em que eu viajava e me trouxe de volta. Estranhavam minhas decisões. Foi em Itacuruçá, onde ia todos os anos, em férias, por motivo de saúde, e onde aos cinco anos já morava para tratamento. Ali, bem criança, eu me sentava no batente da porta para ver as coisas da rua. Os burros tangidos, que vinham da serra com cargas de banana. Cheiro doce no ar. Gosto de banana despertando um tipo nobre de fome, que vinha de longe, com a forma da serra, e ali chegava, morna de sol. Tudo era uma viagem. Todos somos viajantes. Naquele instante, meus olhos surpresos viam. Mais tarde compreenderiam que somos a viagem e o viajante.

Em Itacuruçá, algumas vezes, enquanto as crianças corriam pela praia ou jogavam bola, eu ia ouvir os pássaros cantarem no velho cemitério, que não mais existe. Colhia frutos entre sepulturas e ouvia canários e sabiás. O silêncio tornava o vento mais significativo e o canto mais suave e penetrante.

Não entendiam o que se passava comigo.

Compreendi que a minha verticalidade teria muitas limitações. Tinha que aceitar minha condição e fazer dela uma situação normal. Eu devia me tornar forte para enfrentar experiências difíceis. Todos têm que aprender com o imprevisto, inclusive o fracasso, se for o caso. Às vezes, existe o aprendizado pelo fracasso, uma estranha e incompreensível maneira de vencer.

Não pude estudar logo depois das operações. As anestesias, com clorofórmio e cloretil, e outros medicamentos me deixaram intranqüilo e com a memória afetada. Quando me esforçava, prestando atenção, ficava abatido. Não me deixavam estudar. As experiências cirúrgicas também assustaram. Uma noite, foi internado um trabalhador da Light. Recebera um choque de alta carga elétrica no momento em que examinava um fio. Tombou inconsciente. O braço estava quase decepado. Foi atendido. Ataram-lhe o braço. De madrugada, ficou excitado, teve uma crise nervosa, revolveu-se meio louco, no leito. Seus gritos me assustaram. A enfermeira, ao examinar o curativo, viu que o braço se deslocara do tronco. Ficou em suas mãos. Descontrolada, gritava pelo enfermeiro. Ouvia os passos inquietos pelo corredor. Vozerio. Temi que o homem enlouquecido viesse me surrar com seu braço arrancado do corpo.

O menino A. também me causou forte impressão. Eram oito horas da noite quando foi levado para a sala de tratamento. Amarraram-no e esticaram sua perna na prensa. Seus gritos eram desesperadores. Voltou ao quarto e gritou durante duas horas, e gemeu madrugada adentro, e chamou pela mãe, que morrera já fazia seis meses. O pai trabalhava à noite.

Minha mãe me mandava dormir; mas eu sentia um alvoroço no peito e me sentia angustiado.

Depois das cirurgias, no período da infância, ao me livrar do gesso, observei meu corpo. Ali estavam gravadas 16 cicatrizes.

Quase aos dez anos fui alfabetizado. Se não quisesse estudar, não estudaria; ninguém me obrigava. Eu achava bonito ser estudante; desejei enfrentar as dificuldades e entrei para o Ginásio Vera Cruz (já não existe), na rua São Francisco Xavier, no Maracanã. Para mim, era distante de casa. Ignorei a distância e disse que não me incomodava. Algumas vezes caí na rua e me feri, mas não disse nada em casa, temendo que não me permitissem mais ir à aula.

Durante a noite, com freqüência, tinha sonhos estranhos. Em alguns deles, meu emocional era de adulto. Ruídos me despertavam e me enchiam de terror durante quase uma hora. Não contava a ninguém o que acontecia. Poderiam dizer que as operações e anestesias tinham me afetado as emoções. Pela manhã, tudo voltava ao normal. As crises de súbita introspecção de vez em quando me assaltavam. Eu me perguntava o que era o mundo e a vida. Uma noite, às 11 horas, fui para o quintal escuro, sentei-me perto de uma árvore e comecei a chorar. Eu me sentia como um desmemoriado que não sabe onde está nem por que está ali e estranha os que estão por perto. Senti o medo em minha natureza e o medo pelo desconhecido.

Anos depois fui para o Ginásio São Joaquim, em Lorena, São Paulo, de padres salesianos. Tive bons professores, mas não ouvi de nenhum deles respostas às minhas indagações. Nada que me tocasse internamente. Já não tinha interesse em estudar. Só estudava as matérias que me interessavam.

Um dia, o padre Ravizza me pediu para estudar um pouco mais o latim, o suficiente para aprovar-me. Com muito esforço, atendi-o.

Meu irmão, jovem aspirante da Marinha, adoeceu e em poucos dias morreu. Saboreou o oficialato apenas por alguns meses. Sua galera, levada por um vento azul, desapareceu diante de nossos olhos que sondavam os horizontes do longínquo.

Em criança, soltávamos barcos de papel na extensa vala que havia em frente às casas, na rua do 1º Regimento de Infantaria, na Vila Militar.

Nossos barcos seguiam uma rota difícil. Nunca soubemos se chegaram ao mar. Sua galera certamente o esperara, transfigurada num barco-cisne que singrava rumo a um ilimitado mar.

Um dia, em Itacuruçá, meu irmão, ainda ginasiano, entrara em um pequeno vapor e, correndo por suas dependências, indagava e examinava, e se comportava como se fosse comandá-lo. De longe, observando seu porte de aprendiz, obediente, pensei que naquele instante fosse partir na pequena e gritante nau, quase a largar-se da ponte velha de madeira para o destino incerto de andanças no imenso das águas. Meu pai que o fosse buscar, porque era ainda pouco mais de um menino para entreter-se com o desconhecido das jornadas.

Ele, marujo, e seus barcos de papel; o jovem curioso a auscultar trepidantes vapores e lanchas; o moço militar fazendo-se para o encontro com as plácidas ou agitadas águas nas dimensões de sombra e luz dos oceanos; tudo, enfim, nos despertava para o sentido de uma viagem. A vida-viagem.

Estava morto. Não o encarei com pesar, mas com surpresa. Nas suas águas, agora de silêncio, o marujo olhava o mapa do retorno, na viagem para o Além, de outros planos, rumo ao porto de luz do sábio e bom soberano.

Era uma morte diferente que eu voltava a testemunhar. Não mais a imprevista morte da senhora no meu lar. Nem a do menino J., nem a do meu avô, escoar de vida esperando que o ar esvaziasse o balão do corpo. Uma outra morte, trêmula, que volta a ser criança e espera proteção.

De vez em quando, eu via certa mulher silenciosa atravessando a praça. Uma noite, encontrei-a em uma rua perto do cinema. Falou comigo. Beijou-me. Acreditou em mim, não sei por quê. A última noite que passei em Lorena, conversamos até de madrugada. Estimulou-me a nunca abater-me e a resguardar meus sentimentos.

Terminado o ginásio, retornei ao Rio. Quando o trem partiu,ela me acenava, na plataforma da estação, como a dizer que prosseguisse; ela e meu nobre amigo J.P.

Ingressei no curso pré-jurídico. Outra mulher me deu devotado estímulo, fazendo-me mergulhar na natureza de meus instintos e sentimentos para que os conhecesse e se expandissem naturalmente, amadurecendo.

Veio o tempo de faculdade. O serviço público. Ao terminar o curso, minhas pernas apresentavam irregularidades. O esforço dos últimos anos afetara a estabilidade dos tornozelos.

Fui nomeado procurador, mas não tomei posse; fui logo hospitalizado. Perdi o cargo e quase três anos, com mais seis operações, quatro internações, exercícios, readaptação etc. O médico foi infeliz, e eu também, nas operações. Deformou-me o fêmur direito. Minha situação estava muito comprometida. Odiei o cirurgião que aumentou em mais de 50 por cento minhas dificuldades, pensando que me daria 70 por cento de melhora.

Quando a tempestade passou, juntei meus destroços e prossegui como pude.

Cheguei a pensar conscientemente em eliminar-me. Em sonho, vi um ser de túnica verde que me deu preciosa orientação.

Agora, eu tinha novamente de reaprender a andar. Foi um esforço incomensurável. As operações me abalaram. A morfina e os remédios me deixaram intranqüilo. Passei a ter insônia. Uma desconhecida onda quase me abatera, fazendo-me vergar. Juntei os cacos e aprendi engenharia de fragmentos, ou seja, tentei ordenar o caos em que me encontrava.

Retornei ao serviço público e, quando podia, voltava a escrever. Assim, elaborei uma série de cinco romances que eram a história de uma geração. Num momento difícil, assoberbado de problemas, rasguei todos os originais. Hoje, me arrependo daquele ato intempestivo.

Entre as tempestades que chegavam a qualquer hora, senti uma que era familiar dos vendavais e veio aos poucos; às seis horas da tarde abriu as portas de casa e silenciou os haustos de minha irmã. Era uma morte branca que chorava silenciosa ao pensar na filha de um ano que deixava. Como um lago, olhou a tarde passageira, e nas sendas da noite sentiu saudade, pensando em Deus.

Casei. Eu e minha mulher experimentamos programa de lutas e dificuldades. Com a infância de minha filha aprendi recomeços.

Não enumerarei outras situações inquietantes, porque elas nada acrescentariam. Marco apenas os pontos culminantes de minha experiência que me levaram à procura de novos rumos; meus caminhos para mim e para Deus.

Eu estava em casa quando minha avó materna morreu. Sua morte não entendia de viagem; talvez quisesse ainda brindar o festival da vida que não houve. Não sabia se despedir. Por isso a madrugada lhe fez companhia e recordou tudo o que recolhera e os últimos desejos sem face que não puderam viver nem sabiam morrer. Aprendi seu desfalecimento e o jeito de morrer que a morte traz. Nesses momentos, uma imposição que surge sem forma, não sei de onde, me arrebanha como testemunha.

Fui aposentado no serviço público por incapacidade física. Prestei colaboração em outros setores. Estudei problemas sociais de reabilitação, e o divulguei também pela imprensa e rádio; idéias e movimento tendentes a conscientizar o meio social e a família para a extensão e a significação humana do problema.

Atualmente, no outono da vida, volto a me acidentar. Retornei aos hospitais, nos quais não pretendia mais entrar como paciente. Nova cirurgia. Meses de internação em três hospitais. A agressividade destrutiva do imprevisto voltara a me atingir. Retorno na cadeira de rodas. Meses de preocupação extrema e debilidade física, nervos abalados, úlcera, irregularidades provocadas por excesso de medicação. Responsabilidades a me pesarem no corpo débil, recolhimento, renovação.

Esforço-me. Deus me ajuda. Deixo a cadeira de rodas. Levanto-me outra vez para os passos que somados se tornam o caminho de minha vida até aqui.

Deus está atrás dos horizontes que se fecham e repõe as coisas em seu lugar, por intermédio das muitas transformações por que passamos. Somos como videiras podadas, para que a seiva volte ao centro e dê uvas de boa qualidade, e assim o vinho preparado seja o melhor.

O jogo da vida não é acaso; outra lógica rola os dados.

Meu pai me diz que vai partir à tarde. Soube do horário de seu retorno.

Adormeço aos pés do seu leito no hospital. Quando desperto, ele já não sabe as palavras diárias. Olha o invisível e silencia.

Sua morte chegou familiar. Sabia esperar e cumpria horários, organizada e cordial.

A primeira morte que vi era imprevista, sentenciosa e calma. Eu apenas vi.

Quando estudante, ao deixar a faculdade, no período em que passei pelas cirurgias desastrosas, comecei a interessar-me pela teosofia e pelo Espiritismo cristão. Aprendia doutrinas espirituais; entrava para o seu campo de estudos, mas elas ainda não conseguiam entrar em mim. Lenta e difícil a renovação e demolição dos falsos padrões. Estava entre os cristãos sem Cristo.

O trabalho de divulgação da importância de reabilitação como problema social foi me preparando para uma estabilização maior de responsabilidades.

A atividade espiritual. A defesa de princípios reabilitadores pela imprensa e rádio, a publicação do meu *Questionário de reabilitação*, pelo marechal Mário Travassos, então presidente da Sociedade Pró-Livro Espírita em Braille, a quem devo essa atenção e apoio fraternal; o curso de introdução à reabilitação física e mental, que planejei para a Campanha Nacional da Criança; os trabalhos de esclarecimentos em penitenciárias, leprosários, hospitais de insanos mentais, asilos, recolhimentos de pacientes com deficiência física; a experiência que adquiri na Ação Cristã Vicente Moretti como conselheiro e relações públicas, junto de Aurino Costa, seu presidente; as oportunidades de trabalho que me foram proporcionadas por Alda Mazzolenis; minha atividade como conselheiro da Apae e a participação no 5º Congresso da Federação da Apae* sobre deficiência mental; na Capemi, no setor de relações públicas; no grupo de estudos espirituais de Leda Amaral, com quem muito aprendi; na Spleb com o marechal Travassos, Luiz Antonio Millecco e demais companheiros; meu convívio no Centro Espírita Fabiano; na Roda do Amor, com Cenyra Pinto, na ABI, e participando de seu 1º Encontro Nacional de Imprensa Especializada, servindo ao lado de Maria Celia Carneiro, aprendendo com Danton Jobim, Fernando Segismundo, Elysio Conde e outros; ouvindo e interrogando expoentes do Espiritismo como Francisco Cândido Xavier, e do Espiritualismo como Huberto Rohden. Admirando trabalhadores incansáveis na seara do serviço ao próximo

---

* Associação de Pais e Amigos dos Excepcionais, fundada em 1954 no Rio de Janeiro e atuante em mais de 2 mil municípios no país. (N.E.)

e humildade anônimas, consegui ver-me além da aparência e continuo na difícil tarefa de renovação interna para tornar-me um cristão com Cristo.

Nos estilhaços da frustração e da revolta, entendi o porquê da vida e voltei-me para meu íntimo, procurando conhecer-me e vencer-me, buscando curar-me de todas as doenças do 'eu', enfermidades que me seguem do passado, para que, saneando o 'homem velho', possam tornar-me uma 'nova criatura' em Cristo, permitindo, por meio da entrega sincera, que Ele realize seu plano divino em minha vida e manifeste Sua vontade. Sem os conhecimentos da Doutrina Espírita, após o meu aprendizado em religiões, em diversas sociedades esotéricas e pesquisas psíquicas, certamente eu seria ainda um rebelde confuso sem a meditação nas lições do *Evangelho* que a Doutrina veio esclarecer; eu seria uma mente espocando os fogos da intelectualidade na superfície da letra evangélica, mas não tentaria atingir (o que hoje tento, conscientemente, sabendo já qual o caminho) a intimidade onde se 'sente' o que vem de Deus. Sem os fracassos e fraquezas que nos denunciam a debilidade do principiante, não teria renovado esforços, reeducando-me em outros padrões (não os de minha formação) capazes de levar à libertação dos entraves que têm encarcerado o ser humano e que nos foram trazidos por Jesus, com seu próprio sacrifício e atuante amor.

A morte mostrou-me cedo a sua imagem, mas não o seu significado. Talvez se me apresentasse como um lembrete necessário, não como fixação neurótica, que empana o movimento da vida, mas como em certas regiões do Oriente, em que, desde o nascimento, aprende-se que ela é mais um passo dado na senda da evolução.

A expansão da consciência espiritual ocorre em fases que, em termos humanos, exemplificando de maneira simples, pode-se imaginar como sombra e luz, noite e dia. Quando estamos realizando algo no plano material, isso seria como o dia. Ao girarmos como um planeta que recebe a luz do Sol, retornamos ao recolhimento da noite, meditando, avaliando experiências e preparando-nos para elaborar algo melhor, mais consistente, no moldável plano da matéria, pondo em ação nossos valores, modificando e melhorando o meio e o mundo em que vivemos.

A natural preparação para o fim, fim que realmente não existe, é salutar. A morte é um movimento transformador. O que tememos é o que está em nosso íntimo e o desligamento dos apegos que em geral estabelece o medo pelo desconhecido.

Um dia, teremos a mente livre e aberta ao que é novo, a novas experiências, levando do passado apenas valores positivos, o conhecimento de nós mesmos, do mundo e do amor; de um mais profundo amor sem lastros neuróticos e apegos possessivos; um amor, enfim, que não se paga nem se perde; fica na eternidade do bem.

Os estratos de nosso subconsciente arcaico, uma vez modificados, nos oferecerão sua força para criações de nível mais alto, sem nada de cego e irracional. O bom pastor toca sua flauta e as ovelhas do seu rebanho o atendem e seguem.

A morte, no próprio plano da vida, nos ensinará o insuspeitado, para o qual, no momento, a melhor comunicação é o silêncio que não perturbará os que não foram testados e ensinados, mesmo tangidos e a contragosto, ou por terem aceitado conscientemente os movimentos da transformação, cujos atritos e ritmos farão cair as camadas mais espessas que obscurecem o cristal da alma, a impedir que a luz inicial de nossa criação, com a qual Deus nos dotou, venha a expandir-se com a alegria de saber que é um raio livre do Grande Sol Criador.

Francisco Cândido Xavier, interpretando o pensamento de seus instrutores, diz: 'Morte é mudança completa de casa sem mudança essencial da pessoa'.

O filósofo Bacon* acentua: 'O homem é incapaz de gozar sadiamente a vida se ele não tem idéias serenas sobre a morte'.

Depois, tudo é um lavrar incessante na seara da alma, através de todas as estações. Internamente, compreendemos a luta como em Paulo, preso, açoitado, viajante de Deus, caluniado, oprimido, incompreendido, sem nada, com tudo; como em Francisco de Assis, com zelo divino, sozinho, alma de incenso e oração, poesia viva, sustentando, na Terra, as colunas do templo de Deus no coração das criaturas; como em todos os sábios e santos, e os corações de amor e fé; como os que tiveram e têm Deus vivo e em ação na humildade de suas vidas anônimas.

Abrimos nossos caminhos para a esquerda ou a direita; conquistamos ou tomamos pela astúcia ou pela violência, marcamos no chão os nossos passos, definimos o sentido de nossa

* Filósofo e estadista inglês (1561–1626), um dos pioneiros do pensamento científico moderno. (N.E.)

jornada; o impulso de ontem é o chão de hoje. Não nos desfaleça, porém, o bom ânimo. Seja a esperança a estrela que resplandece em nossas noites. E nos momentos de treva, angústia e abatimento estejamos certos de que tudo passa, que o caos se abre em novos caminhos, e que 'pelas vias do tempo, Deus repõe tudo no lugar certo' (Emmanuel), acrescentando valores aos valores conquistados pelo esforço (ao que tem, mais se dá), e mais os dons que é próprio do Pai oferecer de sua sabedoria e amor aos que desabrocham à luz, sob as água da vida, com a silente beleza de um lótus, elevando-se do lodo até a claridade solar, mostrando o que se tornou.

Este depoimento teve por objetivo estimular os que se acham perdidos e, junto com as demais experiências aqui apresentadas, dizer a todos os que se encontram em dificuldades e aflição que esperem e indaguem do pesar e da angústia o que eles querem revelar; e pensem em Deus, em qualquer situação.

Que os abatidos meditem no valor da vida e não a gastem inutilmente como um passatempo.

A vida é a oficina onde se elabora a liberdade; a fogueira de onde sairá a luz; o tumulto de onde nascerá a paz.

Vale a pena viver com Deus, que é amor.

Põe em teu amor o amor de Deus."

FERNANDO JORGE UCHÔA*

* Poeta, romancista e contista (1921). (N.E.)

Minha fé é vida

"De início fui cristã católica pelo batismo, por tradição de família. Hoje, cristã, participante da Igreja católica por opção, converti-me num cursilho de cristandade.

Converti-me quando parei de 'achar' que Deus deveria ter feito isto ou aquilo; deveria ser ou deixar de ser assim. Achar é reduzir Deus ao tamanho de minha cabeça e Deus não é invenção minha, não é criação minha – Ele é o que é.

Meu processo de conversão começou num cursilho e continua no cotidiano da minha existência. Minha conversão não foi fácil; e porque não foi fácil é linda, tem valor, tem raiz. Acreditar vem de *credere – cor dare*, quer dizer, dar o coração. Foi isso o que fiz: dei meu coração a Deus, por isso sou tão feliz.

Cristo resumiu todos os mandamentos, toda a sua doutrina numa frase: 'Amar a Deus sobre todas as coisas e ao próximo como a si mesmo'.

Inicialmente nos surpreendemos com a expressão 'amar a si mesmo'. Pela formação que tivemos, 'amar-se' é sinônimo de orgulho, de egoísmo. É orgulho e egoísmo quando tiramos Deus de nós e nos amamos centrados em nós mesmos. Se Deus me criou, tenho que amar sua criação, transformar-me, crescer, evoluir. Multiplicar meus talentos, aceitar meus defeitos e transformá-los, dentro da sua realidade, em qualidades. Na parábola dos Talentos (Mt 25:14,-30), Cristo nos fala disso. Eu sou uma pessoa que recebi muitos talentos, muitos dons de Deus; e porque descobri que um deles era 'amassado', enterrei todos eles.

Explico: estudei direito porque tinha um ideal profissional, queria ser uma advogada competente, defender meus clientes, falar de seus direitos na tribuna, perante os juízes.

No último ano da faculdade descobri que era fanhosa, que tinha problema de dicção. Revoltei-me com minha voz, criei complexos, tive vergonha de falar com pessoas estranhas. Formei-me em direito e enterrei meu diploma; não exerci a profissão.

Casei-me, tive filhos e reduzi minha vida à família e a um pequeno grupo de amigos.

Como sou de temperamento extrovertido, tinha uma necessidade tremenda de me comunicar, mas freava toda minha capacidade de ser, num fechamento forçado. Por causa desse isolamento a que me obriguei, comecei a não me aceitar como pessoa. E quem não se aceita, passa a não aceitar Deus nem outras criaturas. Fugi de minha realidade, colocando-me no pedestal de vítima de Deus e dos outros. Tornei-me amarga, eu que era tão alegre; tornei-me pobre e vazia, eu que era tão rica de amor.

Dentro do cursilho encontrei Deus; encontrei-me quando encontrei pessoas que aceitaram a minha voz. Se os outros aceitavam, por que eu não podia me aceitar? O amor de Deus, o amor dos que acreditam em Deus, esta comunidade de amor; de justiça e de fé que é a Igreja, que eu antes criticava sem conhecer, me construíram, me geraram, fizeram com que eu nascesse outra vez. Hoje sou dirigente de cursilhos, de encontro de casais com Cristo, dou palestras em vários lugares, minha agenda está sobrecarregada de compromissos para falar de Deus aos outros. Não só aqui no Rio; já fui várias vezes a Juiz de Fora, São João Nepomuceno, Bicas, Cachoeiro do Itapemirim, Carangola e tive agora um convite para São Paulo que não pude aceitar. Não conto isso com vaidade, mas com imensa gratidão.

Desenterrei meu ideal, desenterrei-me, quando troquei a tribuna do júri por um auditório; os jurados, o juiz, pelos ouvintes; meu cliente por Deus – e me sinto muito feliz, realizada, integrada.

Eu me aceito também com a cicatriz que tenho no rosto: foi um câncer que tive e foi operado. A cicatriz é feia, mas não dói. As cicatrizes, tanto as físicas como as morais, servem para nos fazer lembrar de que houve um mal que não existe mais, e que nós, graças a Deus, o vencemos.

É bom ter cicatriz, é sinal de que estamos vivos, não estamos mortos; é medalha de honra ao mérito pela nossa luta, pela nossa conquista.

Mas há tanta gente que não deixa sua cicatriz em paz, mexe tanto, arranha tanto, que a faz sangrar de novo, tornando-a ferida novamente. Falo, agora, das cicatrizes do coração, da alma. Gente que não perdoa aos outros é gente que não sabe amar; gente que julga muito não tem tempo de amar. Os medíocres, os incompetentes se autojustificam, medem seu valor mais pelos erros dos outros do que pelo seu próprio mérito; por isso não perdoam. Julgar, condenar aprisiona o carcereiro, que não tira os olhos do prisioneiro. Perdoar é libertar-se. Perdoar; não julgar; construir o outro é amá-lo – amar ao próximo como a si mesmo.

Amar a Deus é entender o que seja a vontade de Deus, na alegria e no sofrimento. E a nossa fé emperra quando julga que Deus mandou o sofrimento, o mal para nós. Deus é o bem absoluto. Ele não criou o mal. O mal é não usufruir o bem criado para nós.

Cristo não veio tirar o sofrimento do mundo, mas dar sentido a ele. Cristo sofreu e deu sentido à sua morte, à sua cruz, com a ressurreição.

Tenho na família uma pessoa que nasceu com uma deficiência. Se tivesse nascido há dois mil anos,, teria procurado Cristo e lhe pedido para curar essa pessoa. Mas hoje Cristo continua no mundo, e nós somos os instrumentos para a realização de seus milagres.

Encontrei Cristo nos médicos, nos cientistas que descobriram remédios adequados, encontrei Cristo em tantas pessoas, em mim que me dispus a lutar dia a dia contra a doença. É lento o processo, requer perseverança de minuto a minuto, exige aceitação de agir e não resignação de parar; é se preocupar menos com o resultado e mais com o que se está fazendo. E hoje esta pessoa está normal, e permanecerá sadia se todos, inclusive ela, que tem uma coragem imensa, continuarem na luta contra o mal. Portanto, a vontade de Deus não está no mal, mas no meu comportamento diante do mal, ou seja, na capacidade de transformá-lo em bem. É na nossa atitude e não nos resultados que está a vontade de Deus.

A minha fé não é mágica, minha fé é vida e a vida é entremeada de alegrias e tristezas. Aceito, assumo e transformo minhas tristezas em grandes alegrias, porque Deus está sempre comigo."

Lutas, reencontro e esperanças

"Jovem, idealista, cheio de belos sonhos, mas sem um autoconhecimento, que funcionasse como uma fórmula para realizá-los, assim dei os primeiros e vacilantes passos na vida.

Entrei na primeira escola, aos nove anos de idade, já sabendo ler e escrever. Em um ano, passei da primeira para a segunda série (no meio do ano) e para a terceira série no fim do ano. Posso dizer que o meu dinamismo era o de um espírito com ânsia de se expressar; não me haviam, ainda, dado oportunidades!

No ginásio* fui monitor de turma e, mais uma vez, a força do espírito se fazia presente. No científico**, apenas no início,

* O primeiro ciclo do ensino secundário, implantado durante o Estado Novo (1937–45), que corresponde atualmente às séries finais do ensino fundamental (5ª a 8ª séries). (N.E.)

** Uma das duas modalidades do segundo ciclo do antigo ensino secundário, junto com o colegial clássico, corresponde hoje ao ensino médio. (N.E.)

continuava sendo o despertar de 'um ser' a caminho de 'seu destino'.

Aos 18 anos, abandonei o terceiro ano científico sem concluí-lo. Era o início de uma odisséia igual a de tantos outros seres humanos em busca de afirmação.

Em determinada época de minha vida, senti as paixões tumultuarem minha natureza. O jogo me atraía, dedicava-me ao mesmo tempo aos jogos de sinuca, bicho, cavalos de corrida. A esse tempo acordava, também, para os prazeres do sexo.

Bastou arranjar meu primeiro emprego, colocar uns 'trocados' no bolso, e eis o esquecimento de todos os meus nobres sonhos!

Novos sonhos vieram. Ser rico, ajudar meus parentes e amigos. Mas com quê? Ganhava pouco mais de um salário mínimo!

Aos 20 anos de idade, abandonei de vez os estudos.

Meu primeiro amor: lindo, sincero e romântico. Que ano de ventura! Desempregado, nada podia oferecer à moça! Se ainda tivesse uma profissão...

Renunciei àquele amor para o bem dela, contrariando o sentimento que me iluminava a alma. Essa experiência parece que me deixou sua marca.

Saí do segundo emprego pelo mesmo motivo do primeiro, isto é, apropriei-me indebitamente do dinheiro da companhia onde trabalhava. Era a segunda queda em menos de três anos.

A idéia de poder ajudar a todos os que conhecia, necessitados materialmente, tornava-se cada vez mais fixa. O jogo era ainda a única solução que via para poder atingir meus objetivos.

Ocasionava problemas importunos a minha mãe, com quem morava.

Meu pai, separado de mamãe, pouco podia me ajudar, já que ganhava somente o benefício de aposentado.

Mamãe fazia de tudo! Dava pensão, tinha escolinha de cabeleireiro e manicure e ainda atendia a freguesas particulares, em seu salão.

Morávamos na cidade e nos mudamos para a zona sul, Ipanema.

Se fosse exigido dos moradores de determinada zona residencial um comprovante de bens materiais para fazer jus àquela moradia, nós teríamos que morar numa casinha de subúrbio, e bem distante.

Mamãe pouco ganhava; eu e meu irmão não a ajudávamos em nada; ao contrário, eu ainda lhe aparecia com meus problemas financeiros, para que ela solucionasse, o que sempre fez!

Outro emprego, outra saída desonrosa. Apesar de tudo era querido pelos chefes, colegas e estimado pelos fregueses. Só tive bons empregos.

Acredito que recebia muita ajuda dos amigos espirituais. Não merecia tanta sorte! Gente há que responde a processos e vai preso por muito menos. Comigo, só os dissabores morais dos chefes e as zangas de mamãe. Hoje sei quanto recebi de auxílio do alto!

Vinte e oito anos de idade, ainda imaturo e procurando ansiosamente não sei o quê!

Conheci minha atual companheira. Figura humana disposta a ajudar um outro ser cuja vida andava à deriva, tal qual um barco sem comando. Coitada! Como sofreu!

No início, tudo era motivo para alegrias. Com o tempo, ela foi descobrindo qual o futuro que a aguardava. Um homem imaturo, sem rumo e profissão definidos. Ainda mais: capaz de cometer as maiores loucuras financeiras (sem furtar alguém) para sustentar um padrão de vida que não era seu.

Após cinco anos de união carnal e espiritual, sempre aos trancos e barrancos, com minha vida financeira instável, e sem chance de sair de mais uma 'encrenca', resolvi deixar a vida, e assim dar alívio à minha família (companheira, mãe, irmão e padrasto).

Tomei 50 comprimidos de um analgésico forte e me deitei. De madrugada, minha companheira acordou e me encontrou já em coma.

Levado para o hospital, fiquei quatro dias entre a vida e a morte. Imaginem o sofrimento daqueles que me estimavam.

Acordei após muita luta dos médicos que me assistiam e deparei com várias pessoas, enfermeiras, amigos e minha companheira, que ao meu redor torciam para que eu, vitorioso, sobrevivesse. Ao voltar a mim, percebi a alegria de todos ao verem meus olhos abertos.

Depois de mais três dias em recuperação, consegui minha transferência para uma casa de saúde, de doentes mentais. A 'clínica' para onde fui, situada num dos pontos chiques da cidade, era até certo ponto confortável e acolhedora. Fiquei 'abrigado' com dois rapazes que, recuperados, aguardavam alta.

O médico que me atendeu classificou-me como portador de psicose maníaco-depressiva, na fase depressiva.

Eu me apresentava como o responsável por tudo quanto me havia acontecido, e isentava meus parentes mais chegados de qualquer responsabilidade.

Estava sem apetite, magro e 'vazio' por dentro.

Fui tomando contato com os meus companheiros de infortúnio, e verifiquei espantado que muitos dos que lá estavam eram aparentemente tão sadios quanto eu!

Conheci seres humanos que viviam marginalizados num setor escuro, malcheiroso e imundo (apesar de limpo todos os dias) chamado 'coréia'. De humanos, só a aparência física. No mais, eram animais irracionais, incapazes de se expressar pela palavra ou por gestos. Pacientes em melhores condições, e alguns raros funcionários da clínica é que os atendiam em suas necessidades mínimas.

No quarto dia após ter chegado àquele depósito de seres doentes, minha companheira levou-me o livro *Nosso lar**, psicografado por Francisco Cândido Xavier e ditado por André Luiz.

Era a primeira obra espírita que me caía nas mãos. Devorei-o em 48 horas.

Pedi novos livros, e ela me trouxe *Há dois mil anos***. Necessário é que se diga que aqueles livros foram por mim recebidos como o pão dado a alguém com muita fome.

---

* Publicado pela FEB em 1944. (N.E.)

** Livro do Espírito Emmanuel, psicografado por Francisco C. Xavier e publicado pela FEB em 1939. (N.E.)

Meu espírito, que há muito não se fazia expressar, tomando conhecimento dos ensinamentos contidos naquelas obras, viu sua estrutura tremer e uma 'consciência nova' expandir-se nele. Encontrei-me como que 'despertando' para o mundo! Oh! Como havia perdido tempo! Será que ainda haveria uma última chance, já que me conscientizei de que várias me haviam sido dadas para que me recuperasse? 'Mãos à obra!', pensei.

Avisei a todos que retomaria meus estudos quando dali saísse. Então, 23 dias após ter sido admitido naquela casa de saúde, solicitei ao meu médico-assistente minha alta hospitalar. Prometi que continuaria o tratamento em ambulatório ou em seu consultório. Como minha decisão era firme, meu pedido foi considerado e aceito.

Cheguei em casa mais alegre e com uma decisão firme – estudar!!!

Minha companheira trabalhava em enfermagem, e eu pensei também em seguir sua profissão e estudar enfermagem. Para tal, era condição *sine qua non** ter o científico completo. Resolvi optar por medicina, já que os pré-requisitos eram os mesmos – sem desdouro nenhum para quem tem vocação para enfermagem, nobre profissão.

Estava fazendo o pré-vestibular com muitas dificuldades financeiras, já que minha companheira ganhava pouco e mamãe era obrigada a alugar quartos, a fim de nos ajudar a sobreviver, diante de grandes necessidades. Fui então trabalhar

---

* Expressão que indica uma condição "sem a qual não se fará certa coisa". (N.E.)

como subgerente de um cinema, das 12h às 24h. Estudava de manhã. O salário era pequeno, mas já dava para a condução.

Antes de tentar o primeiro vestibular, minha companheira indicou-me um concurso para emprego no INPS* cujo edital havia sido divulgado, e que visava ao preenchimento de vagas existentes em seu quadro de atendentes. Candidatei-me e passei.

Após ter prestado vestibular e ter sido aprovado, fui chamado a tomar posse no cargo a que fazia jus na Previdência Social.

Morava em Ipanema e mandaram-me para o Andaraí. Estive lá durante 15 dias, ao fim dos quais consegui transferência para o Hospital de Ipanema, a cinqüenta metros de minha casa.

Imaginem eu estudando na Universidade Federal Fluminense, trabalhando à noite no Andaraí e morando em Ipanema! Só via meus familiares nos fins de semana.

Graças a Deus fui ajudado e, com auxílio de amigos, consegui vir para perto.

A vida dura começou aí. De manhã e à tarde, universidade. À noite, hospital de 48 em 48 horas, isto é, dormia duas noites e trabalhava uma. Tempo de muito cansaço físico, mas que muito me alegrou, pois estava fazendo tudo por gosto.

O que ganhava no INPS mal dava para as passagens de barca e uma refeição no Saps**.

Essas dificuldades duraram quatro anos, até que passei para a equipe médica, dando só um plantão de 24 horas por semana.

---

* Instituto Nacional de Previdência. (N.E.)

** Serviço de Alimentação da Previdência Social, extinto em 1967. (N.E.)

Logo que entrei para a faculdade, tomei contato mais direto com esta doutrina esclarecedora que é o Espiritismo. Aprendi que temos exatamente o que merecemos; nem um pouquinho a mais. Entendi que o sofrimento que temos é por nós escolhido, e sempre de acordo com nossa força em poder carregá-lo. Fiquei alegre em saber que novas vidas, e portanto novas oportunidades, nos serão dadas para que possamos resgatar nossos débitos. Acho que sem esses conhecimentos é mais difícil viver e, sem esperanças, podemos fraquejar logo cedo. Graças a Deus, tive mais essa grande ajuda.

De agora em diante, tudo seria mais fácil. Cansaço, dificuldades financeiras, dores físicas, nada seria tão duro agora, com o consciente esforço para a renovação espiritual. Fui em frente.

No quarto ano, as coisas já ficaram melhores. Por ordem do diretor, só precisava dar um plantão de 14 horas por semana, o que era muito melhor do que trabalhar três noites por semana. Até me formar, as coisas foram melhorando.

Hoje, nem me lembro mais do que sofri. Só vejo, agora, o caminho que me falta trilhar. Trabalho, caridade, fé e esperança são os símbolos de minha nova vida, que se iniciou há dez anos.".

A expressão da verdade

A experiência aqui focalizada é realmente muito significativa. Deveríamos apresentá-la como expressão do lar em cujo seio o depoente recebeu sua formação. Falar sobre os pais desse jovem seria apresentar, talvez, um dos mais belos casos deste livro. Eles, porém, se recusaram a falar de suas lutas e das belas qualidades cristãs que lhes emolduravam as sucessivas dificuldades e lhes deram a inabalável firmeza para prosseguir, confiantes e equilibrados. Formam um lar modesto, no qual, além de três filhos naturais, são educados, perfilhados e amados como parte da família nove outras crianças. Esse casal abnegado se sente feliz e agradecido a Deus por essa oportunidade que lhe foi concedida. O jovem que foi acidentado é o mais velho dos filhos naturais. Hoje, apesar do defeito da voz, que ainda permanece, e da dificuldade de caminhar, todos os domingos visita hospitais e asilos, levando de leito em leito a sua palavra evangelizadora e amiga e guloseimas para todos.

Para mim, o exemplo desse dedicado companheiro da Roda do Amor retornando de seu infortúnio, continuando sua luta com as deficiências que lhe agravaram o corpo e a expressão e levando sua coragem e dedicação a outras criaturas abatidas, revela o que pode o ser humano quando se sente amado e inabalável em sua fé em Deus.

"Fui criado no Espiritismo. Meus pais têm por norma não impor sua religião aos filhos. Ensinam-lhes pelos exemplos os princípios do Cristianismo, mas deixam-lhes a escolha.

Aos 23 anos afastei-me até do culto doméstico que, semanalmente, meus pais faziam com meus irmãos menores. Tão logo o culto começava, eu desaparecia. Não sentia nenhuma vontade de tomar parte.

Ela me esperava... Só existia ela para mim. Freqüentávamos boates e festas em companhia de seus pais, ou somente nós. A minha algibeira logo se esvaziava. Eu continuava sendo o melhor rapaz!

Sua família, para mim, substituíra a minha. Meus pais e meus irmãos não ocupavam o meu pensamento. Eles observavam minha mudança. Meus irmãos diziam: 'A casa só serve para ele dormir, comer e ter roupas limpas, mamãe'. Dispensei as preces que, antes, fazia ao deitar.

Como eu estava errado! Hoje é que sinto... Quanta felicidade, quanto carinho deixei de dar a meus familiares e de receber deles!

Fui trabalhar em Furnas, Minas Gerais, porque pensava em casar. Todas as semanas vinha vê-la; chegava cansado, barbado e suado, metia-me num banho e, transfigurado, ia para os seus carinhos. Seis meses mais ou menos agüentei assim. Um dia, porém, notei-a diferente e fria. Voltei sofrendo para o trabalho. Fiz nova viagem, pior ainda. Quinze dias depois, uma carta dizia tudo. Era o fim. Minha tristeza não tinha limites, pois namorávamos já fazia quase cinco anos. Era a minha adoração... Sofri muito.

Passados quinze dias do desfecho, eu estava ao volante viajando de Leopoldina para Furnas quando o carro, desgovernado, foi de encontro ao morro; com o choque fui atirado ao solo e permaneci 42 dias em coma. Nada me faltou: meus pais, irmãos e cunhado velaram por mim.

Minha mãe, sempre esperançosa e confiante em Deus, conservava o equilíbrio no lar. Meu pai, soube depois, conversava telepaticamente comigo, dentro dos princípios espiritistas, elucidando-me para que eu não desconhecesse a minha situação de espírito junto ao corpo que estava parcialmente inerte.

Reaprendi a falar, a comer e a escrever. Não tinha equilíbrio algum. Hoje estudo, faço faculdade, sou feliz. Graças a Deus, voltei para meus pais, para os amigos verdadeiros, pois os tenho na empresa, nas ruas, nos passeios e no coração... Aprendi a ser mais paciente, mais compreensivo, mais humano. Aprendi a ter fé, compreensão, indulgência, confiança em mim mesmo. Nunca deixei de acreditar que preciso fazer algo em favor de meu próximo, nem de sentir que durante o estado de coma fui orientado, dirigido e socorrido pelos benfeitores espirituais, que muito me esclareceu e para o qual não tenho meios de expressar o meu agradecimento.

Reconheço mesmo que a amarga experiência teve por fim me fazer retornar a Deus e às tarefas espirituais para o cumprimento das responsabilidades a que me propus, quando retornei nesta encarnação. Sem a pancada que levei na cabeça, não teria discernimento para viver com equilíbrio.

Sou feliz, estando com Deus, ao lado de meus irmãos, e grato aos meus protetores. Minha meta é ser bom, e minha senda é a Roda do Amor.

Obrigado, meu Deus. Obrigado por este chamamento..."

Eu me encontrei

O caso que vamos narrar é bastante significativo e tem mesmo o valor de uma lição. Mostra como certas almas sensíveis que pouco receberam em amor e compreensão, tendo até mesmo sofrido momentos de crueldade física e emocional, podem chegar a extremo desequilíbrio, capaz de as levar aos caminhos da loucura, do suicídio e do crime. Trata-se de um caso que se passou num lar destituído de certos princípios de educação e sentimento de religiosidade.

"Nasci e me criei na roça. Meu pai era um homem atrasado e violento. Achava que mulher não precisava saber ler. Com muita dificuldade obtive consentimento para estudar numa escola distante do nosso sítio, a qual passei a freqüentar três vezes por semana, fazendo o percurso a cavalo. Como ajudava minha mãe nas tarefas de casa, e ainda fazia serviços leves na lavoura, só podia estudar à noite, e para esse fim usava uma lamparina de iluminar o quarto. Além de lavrador, meu pai tinha um pequeno armazém. Não era, portanto, tão pobre, mas só nos deixava usar para nossa alimentação os gêneros de segunda classe.

Certa noite, julgando que ele já estivesse dormindo, fiquei estudando até mais tarde. De repente, com muita fúria, ele entrou no quarto e me deu um safanão tão grande que caí do banquinho e a lamparina virou, o querosene entornou, formando logo uma pequena labareda que ele pisou e apagou rapidamente.

Fiquei aterrorizada com o susto. Ele, então, muito enfezado, proibiu-me de estudar à noite. O fato me abalou profundamente e, como resultado do choque, fiquei gaga e assim permaneci até a adolescência.

Compadecido com a situação, um colono nosso dava-me, às ocultas, velas para que eu pudesse continuar estudando. A partir de então, eu esperava meu pai dormir para poder estudar. Cursei até o terceiro ano primário. Foi esse o meu primeiro trauma.

Fiquei mocinha, mas, apesar da idade, não podia escolher minhas amizades. Tinha de aceitar as que me eram impostas por meu pai. Nesse ambiente de apreensão, conheci um rapaz de quem vim a gostar muito, mas tudo inútil, mil defeitos foram apontados na pessoa do jovem que eu escolhera.

Reprimida em tudo, tomei para criar uma menina de três anos, filha de um colono muito pobre. Aos 17 anos, casei-me com um primo, escolhido por meu pai. Levei comigo a menina.

Cinco meses após meu casamento, descobri que meu marido tinha uma amante, que era colona do meu avô. Ao completar um ano e três meses de casada, fui com meu marido e meu filhinho a um jogo de futebol. A amante dele estava também assistindo ao jogo e, por meio de pessoa conhecida, manifestou o desejo de ver o nosso filho. Eu mesma fui levá-lo e, defrontando-me com ela, supliquei-lhe em nome da criança que abandonasse meu marido para que eu pudesse viver em paz com ele. Ela foi compreensiva e realmente o abandonou.

Com um ano e meio de casados, abrimos um armazém financiado por meu pai, que tardiamente compreendera seu erro, de casar-me com uma criatura sem moral.

Certa vez, um homem totalmente embriagado entrou em nosso armazém e se despiu ali, na minha presença. Meu marido, de repente, transformou-se num animal selvagem. Espancou-o com tal violência que não sei como não o matou. A cena me abalou. Fiquei estatelada com a brutalidade de meu marido, mais do que pelo ato da pobre criatura, que só cometera tal desatino por estar embriagada.

Horas mais tarde, o patrão desse homem bêbado veio tirar satisfações com meu marido, que se escondeu, e à noite fugiu para a casa de um tio dele, deixando-me com meu filho pequeno e a menina, e já grávida de oito meses. E não voltou.

Sozinha com as crianças e em estágio adiantado de gestação, não pude arcar com a responsabilidade da casa e do armazém. Vendi o negócio e fui procurar meu marido, que reassumiu seu lugar de chefe de família. Com o dinheiro da venda, adquirimos outro armazém.

Na verdade, ele nunca se interessou nem por mim nem por nossos filhos. Recusava-se a nos dar até o essencial. Quando um filho adoecia e precisava de remédios, ele proferia impropérios para pagar as contas da farmácia.

Por duas vezes nossos filhos sofreram acidente e foram levados para o hospital. Meu marido estava fora. Quando regressou, apenas uma vez apareceu no hospital, no dia seguinte, e com a maior indiferença.

Cansada de tanta humilhação, pedi a um amigo que me conseguisse um emprego. Meus filhos estavam crescidos, e eu conseguiria pessoa de confiança para ficar com eles. Fui trabalhar na prefeitura. Assim poderia viver mais decentemente, vestir meus filhos e a menina que eu criava.

Quando a menina se tornou adolescente e começou a namorar, meu marido não lhe permitia aproximar-se de rapazes. Pensei que por zelo assim procedesse, e até ficava agradecida.

Ele era ignorante e avarento como meu pai. E, também como meu pai, só permitia que usássemos gêneros da pior qualidade, embora houvesse no armazém gêneros de primeira. Isso me deprimia muito. Eu, além de trabalhar na prefeitura, empregava as horas de folga ajudando no balcão.

Mais tarde, vendemos o negócio e fomos para Raiz da Serra, onde o reabrimos e, de sociedade com meu irmão, compramos um caminhão.

Esse meu irmão tinha uma amante. Certo dia, apresentou a irmã de sua amante a meu marido. Eles, sentindo-se atraídos um pelo outro, tiveram uma aventura.

Para o lar era um usuário, mas para ela, sua nova amante, abriu logo crédito em nosso armazém, de onde ela sempre levava o que havia de melhor. Eu, diariamente, à noite, contava a féria e nunca via o dinheiro das compras que ela fazia. No entanto, no caderno, a conta dela aparecia sempre paga.

Nessa ocasião, meu marido adquiriu a parte de meu irmão no caminhão e comprou um carro do ano, contraindo uma dívida enorme. Queria impressionar bem a amante.

Um dia, encontrei um colar nos guardados dele. Perguntei-lhe de quem era. Aborreceu-se e tentou dar-me um soco. Se eu não recuasse teria sido atingida. Chorei muito, mas não me revoltei. De que adiantaria?

Passei a viver mais em função de meus filhos. Com as minhas possibilidades e com o que estava ao meu alcance, procurei educar a menina que eu criava. Para que se instruísse, paguei-lhe escola e aula de corte e costura. Quando completou 15 anos, dei-lhe uma bicicleta, não imaginando que serviria, mais tarde, para encontrar-se clandestinamente com meu marido, que desempenhava o papel de seu pai.

Certa tarde, uma vizinha me procurou, perguntando-me se a menina estava doente, pois a tinha visto vomitando no quintal. Despertou-me uma suspeita. Era época de Natal e Ano-Novo. O serviço no armazém aumentara muito, e assim, ocupada em ajudar no balcão, dispersei minha atenção. Passada essa época, voltei a observar o comportamento dela, cuja gravidez já era notada. Namorado ela não tinha, pois meu marido não consentia.

Nessa ocasião, eu estava grávida de meu terceiro filho, já com oito meses de gestação.

Comecei a passar noites em claro, vigiando a menina, sem ter coragem de falar com os dois. Na terceira noite, dei o flagrante. Meu marido, covarde como sempre, pulou a janela. Fiquei parada, estarrecida. Depois, perdi o controle, comecei a chorar e a gritar por socorro. Entrei em total crise de nervos. Acordei num hospital, levada pelos vizinhos. Tive a criança, que nasceu prematura e sem vida. Fiquei em estado de coma. Ao voltar a mim, não sentia mais vontade de viver. Estava morta por dentro.

Tive alta, dias depois, e fui levada para casa, onde encontrei meus sogros tomando conta das crianças e do armazém. Meu marido fugira com a nossa filha adotiva, deixando-me dívidas enormes. Tudo o que eu ouvia dizer era que precisava reagir para poder pagar as dívidas. Os credores começaram a me apertar, exigindo pagamento. Meus sogros voltaram para sua casa na roça.

Sem forças, insegura, achei melhor vender o armazém e pagar as dívidas. Devolvi o carro do ano que ele comprara.

Sem nenhum recurso, derrotada, fui para a casa de minha mãe, que estava viúva nessa ocasião, e com mais possibilidade de me amparar. Ela procurou me animar, levando-me a festinhas familiares; ainda assim eu continuava quase tão apática como antes.

Passaram-se dez meses. Quando já estava começando a levantar a cabeça, minha mãe faleceu de um colapso. Aí, afundei. A vida já não significava nada para mim. Não tinha mais controle. Chorava sem parar. Meu desespero era grande. Entrei em total estado de apatia. Levantava da cama e, assim mesmo, de camisola, ia buscar o pão na padaria. Era cercada, então, por vizinhos, que me levavam para casa. Não aceitava conselhos de ninguém para tratamento médico. Só tomava chás caseiros e alguns comprimidos. Desinteressei-me de tudo. Recusava-me a tomar banho e só o fazia pela metade, e quando insistiam muito. Vestia uma roupa em cima da outra. Tive que extrair os dentes, e não permiti que me colocassem dentadura. Fiquei desdentada durante seis anos.

Apesar da memória fraca, ouvia as pessoas dizerem como se falassem à distância: 'Coitada, ela era tão caprichosa, tão asseada. É uma pena'.

Dois anos depois, uma dessas pessoas que me queria bem, a muito custo, levou-me a um hospital psiquiátrico. Comecei, então, a tratar-me.

O médico era boníssimo, mas me parecia que os remédios pioravam a minha cabeça, e eu continuava com vontade de pôr fim à vida e levar comigo meus filhos.

Essa idéia me perseguia, até que um dia reuni meus filhos, tendo antes comprado guaraná e veneno. Perguntei a eles se por acaso eu morresse, com que parentes desejavam ficar. Eles me responderam que queriam morrer comigo. A resposta deles me chamou à razão. Então me conscientizei do meu estado. Compreendi o crime que iria cometer. Desisti da idéia de suicídio.

Mais tarde, veio-me a idéia fixa de pedir esmola na praça Mauá, mas no fundo o que eu queria era arranjar dinheiro para ir procurar meu marido. Nessa época, eu teria possibilidade de arranjar dinheiro com pessoas amigas, ou mesmo com meus próprios recursos. Essa idéia tão absurda, hoje reconheço, era a prova do estado lastimável em que me encontrava.

Meus filhos se tornaram adultos, trabalhavam e estudavam. Foi então que o mais velho deu um grito de 'basta'. Chamou-me aos brios. Disse-me coisas que eu precisava ouvir. Minha filha também me ajudou muito. Passou aquela idéia louca. No entanto não me libertei do estado de depressão, de angústia e ansiedade, sentimento de culpa por não ter tido capacidade de ver o que se passara a meu redor, a fim de remediar o pior. Na realidade, hoje sinto que o que me faltava mesmo era um contato com Deus. Eu me esquecera de rezar.

Minha filha veio dar continuidade a seus estudos aqui no Rio de Janeiro e me trouxe com ela para seguir meu tratamento.

Já eram passados nove anos do fatídico acontecimento. Mudei de tratamento porque os psicotrópicos me dopavam e eu parecia voar. Andava dormindo pela casa. Parecia uma sonâmbula. A conselho de uma enfermeira, procurei um psicólogo. Melhorei um pouco, porque parei de chorar, mas a solidão e a ansiedade me perseguiam.

Sem gostar de televisão, mas por um desses acasos entre aspas, assisti a um programa, durante o qual foi anunciado um trabalho de psicoterapia, de graça, destinado aos que, como eu, estavam tombados, emocionalmente doentes.

Procurei o endereço indicado pela televisão. Foi onde me encontrei. Desde a primeira reunião, compenetrei-me da minha situação. Aceitei com naturalidade a minha condição de neurótica e foi com a maior reverência que concordei em evocar, de coração, a ajuda do poder superior.

Trata-se do N/A* (Neuróticos Anônimos). Há quatro anos venho freqüentando as reuniões, com maior aproveitamento possível, a ponto de me reportar ao passado sem mágoas, sem revolta e com tranqüilidade.

Bendita organização que tem levantado tantos, que, sem essa providencial ajuda, teriam ido até o suicídio.

Sou e serei eternamente grata ao N/A, que me fez dar os necessários 'passos' para o meu reencontro com o poder superior.

Hoje, sinto-me em condições de ajudar meu próximo, aconselhando, orando e ensinando-lhe a procurar o local que, para mim, foi a salvação."

---

* Grupo fundado originalmente nos Estados Unidos, baseado nos "12 Passos" do Alcoólicos Anônimos. Telefone (0xx11) 3229-7523. (N.E.)

Compreensão de mãe de excepcional

[Do arquivo de cartas do Professor Hermógenes]

É um caso de superação das provas, graças não ao valor de um livro de Hermógenes, mas à luz divina, que a alma alcança, quando, resignada, se entrega confiante e totalmente. As idéias e os ideais da ioga, que o livro ensina, encaminharam a alma aflita e fatigada daquela mãe ao ponto de aceitação e entrega. Todos os elogios ao autor são imerecidos. Só a graça de Deus opera. Só Deus salva, cura, redime.

"Olinda, 13 de maio de 1971.

Caríssimo senhor Hermógenes,

Depois de 15 anos sem saber ou poder escrever uma carta, pois não tinha condições, sinto agora necessidade de o fazer. Faço-o sem receio. Sem me preocupar com a caligrafia ou a ortografia, escrevo ao senhor como se fizesse uma confissão. Como vai sair, não sei. Sinto é que estou com vontade de lhe escrever, de dar alegria – mais uma, acrescentada às inúmeras que o senhor deve experimentar cada dia que sabe que levantou alguém, que sabe que a finalidade de seu livro é positiva, é certa.

Sei que esta carta será longa. Aqui vai o desabafo de coisas guardadas durante 15 anos...

Com Deus, meu amigo de todas as horas, meu guia, meu freio, meu refrigério (Ele resfriava minha cabeça quando ela fervia), com Ele eu desabafava, embora contra Ele me rebelasse!

Eis o meu caso: há 19 anos tive uma filha, a minha segunda. A primeira tinha então quatro anos. Está hoje com 23, é maravilhosa e, principalmente, uma irmã sem igual, e o senhor vai saber por que friso irmã. A minha segunda (Cristina), tendo 19 anos, cronologicamente, é toda meiguice, ingenuidade, total pureza de uma criança. Quatro anos é sua idade mental. É uma excepcional.

O senhor deve imaginar o que seja uma criatura que tem tudo que se deseja em casa: carro, posição social, um marido bondoso, uma linda filha, mental e fisicamente perfeita e, de repente...

Foi como se o mundo desabasse em cima de nós – nasceu Cristina, marcada com uma lesão no lobo esquerdo. Um acidente do parto: faltou-lhe a oxigenação necessária. Aos dois anos, essa lesão havia regredido, e depois desapareceu, graças ao Grande Médico e aos tratamentos clínicos. Quando, com os testes, os eletroencefalogramas, exames e consultas, com médicos do sul e até americanos, ficou constatado que ela mentalmente não era normal, eu já havia declarado guerra ao mundo, às pessoas, a tudo e a todos. Não queria ouvir ninguém. Não queria falar com ninguém. Minha vida era de revolta, azedume, ódio, amargura, mágoa, principalmente em relação a Deus.

Estou lhe confessando o que nunca disse nem aos padres, quando a eles recorria.

Eu só saía com Cristina, e para ir a médicos e clínicas, tentando um amanhã melhor para minha filha, procurando ver se podia fazer alguma coisa enquanto era cedo... Os resultados, porém, eram sempre os mesmos. Os horizontes dela eram muito limitados, e nada se podia fazer. Era esperar que, com os anos, ela melhorasse um pouco. A zona do cérebro lesada era a zona da aprendizagem. E havia também a afasia..

Fui sua professora, tentando que aprendesse a falar, a conhecer os objetos, a comer, brincar, jogar enfim. Queria que ela participasse de nosso ambiente, de nosso mundo.

Todo dia, a mesma coisa. Rotina, rotina... todos os dias.

A essa altura, eu era uma fera. Bondade, piedade só existiam em mim para minhas filhas e meu marido. O resto do mundo era meu inimigo. Eu fugia das pessoas amigas.

Passei assim uns seis anos – não sei precisamente. Sei que não vivia, vegetava. Depois desses anos de revolta e de estresse, entrei em depressão. Foi pior ainda. Parece que eu lutara demais, nadara como aquele nadador referido em seu livro. Enfim cansei. Cansei mesmo, física e mentalmente. Tornei-me incapaz de transmitir um recado. Nada conseguia memorizar. Vivia apática, cheia de pavor. Medo de tudo: do amanhã, de morrer, até de dormir... Imagine!

Foi aí que precisei urgentemente de um médico. O médico solicitado me aplicou uma injeção, e eu dormi 24 horas. Quando despertei, ele aplicou outra. Dormi 12 horas mais. Isso foi nas vésperas do Natal de 1966. Quando despertei de todo e olhei a meu redor, meu marido havia envelhecido cinco anos; minha filha mais velha não parava de chorar, e Cristina não se alimentava desde que eu começara a dormir. O médico dissera a meu marido que eu ia precisar de um tratamento muito sério.

Quando me levantei da cama, estava trôpega, sem raciocinar direito, sem vontade para nada, enfim, um trapo de gente. Senti uma frieza enorme, principalmente nos pés e nas mãos. No dia seguinte, senti uma espécie de vergonha por ter ficado naquele estado. Comecei a olhar a situação, que só tendia a piorar. Passei a meditar, e experimentei uma débil vontade de reagir. Senti que algo precisava ser feito, e eu é que teria de fazê-lo. Mas... quê?! Onde encontrar aquilo, que eu não sabia ainda o que seria? Como preencher aquele vazio de meu estômago, de minha mente, enfim, de dentro de mim? Eu não sabia responder. Então comecei a ler. Li livros de Vincent Peale*. Foi-se abrindo uma pequena clareira. Depois comecei a ler a *Bíblia*, um trecho por dia. Fui melhorando...

Nos livros encontrei mensagens maravilhosas. Mas, quando eu os fechava, eles não ficavam. Era uma luta. Querer vencer, querer viver e, logo depois, cair, sentir que todos os

---

* Escritor norte-americano (1898–1993) de teorias sobre o pensamento positivo. (N.E.)

pensamentos positivos não ficavam colados, ao contrário, saíam e davam lugar novamente aos pensamentos negativos.

Passei um ano todo assim, caindo e me levantando... E o médico insistindo no tratamento... E eu, de minha parte, esperando uma coisa, isto é, que uma coisa me iluminasse. Eu sabia e sentia que havia alguma coisa. Era como se eu tivesse feito uma prova e estivesse esperando a nota. Eu queria o resultado, antes que meu marido achasse que deveria mesmo tratar-me. Quando ele me falava em tratamento, eu dizia sempre: espere, espere, que não vou precisar desse tratamento. Tinha receio de que ele não quisesse mais esperar (hoje, ele me diz que não insistiu no tratamento médico porque acreditava em mim, e não sabia por quê).

Foi aí que aconteceu o maravilhoso, o negócio mais emocionante que pode acontecer a uma pessoa. Foi exatamente um ano depois, na semana do Natal de 1967. Numa tarde, fui esperar meu marido, que vinha de uma viagem. Como o avião estava atrasado, fui à loja de livros do aeroporto. Comecei a ver revistas e livros. Nisto, eu vi *Autoperfeição com hatha ioga*, de Hermógenes. Eu já assistira a uma entrevista sua na televisão, na qual o senhor fizera exercícios de respiração, e eu me senti como que fascinada. Mas voltemos ao aeroporto. Peguei esse livro e abri-o ao acaso. Nisto, li: 'Leia. Vá, leia. Aqui encontrarás a resposta'. Senti um calor! Tive vontade de correr. Sem vacilar, marquei a página, fui ao moço e paguei. O avião chegou e, com ele, meu marido. Fomos para casa. Tudo ótimo. E eu impaciente para ler aquilo novamente.

Depois do jantar, peguei o livro e abri-o na página marcada, e, para surpresa minha, não encontrei a frase, nem naquela noite nem no dia seguinte. Na ocasião fiquei confusa, perplexa mesmo. Mas hoje encontro a frase em todas as páginas.

O senhor pode avaliar o bem que me fez. Não é?

Realmente vivo me perguntando: por quê, meu Deus? Esta pergunta me era habitual. Sempre vivera e me dedicara inteiramente à minha família, como qualquer esposa e mãe. Por Cristina, além de querer-lhe muito, sentia uma pena enorme. Ela era muito agressiva e chorava demais. Hoje, apesar de depender muito de mim, progrediu. Já é bem calma. Não chora tanto. É uma criança comportadinha. Aprendeu muita coisa, como servir-se à mesa, trocar a roupa para dormir, dormir sozinha. Só não aprendeu a tomar banho...

Ultimamente me apareceram 'bico- de-papagaio' e hérnia de disco, dores nos pés, calcanhares inchados, sinusite, taxa de colesterol alta, coisa que dá para dividir com seis pessoas. Não acha? Pois bem, no dia 13 de abril, comecei a fazer ioga com Mary. Ela é uma criatura maravilhosa e excelente professora, basta que tenha sido sua aluna. Tenho por ela grande estima e admiração. Somos uma turma de 11 pessoas. Ela tem por todos a mesma consideração e carinho. Nela há muita coisa de seus livros. Nas aulas ministradas por Mary eu encontro a complementação de seus livros.

Hoje, um mês de ioga, estou escrevendo. Antes mesmo eu tinha vontade de lhe escrever para dizer o que seus ensinamentos haviam feito. Em seu livros aprendi a perdoar, a amar, a sorrir, não com os lábios apenas, mas com aquela alegria que vem de dentro para fora.

Agora vejo em minha filha um motivo para meu progresso espiritual. Sinto que ela veio para mim, para minha evolução, para que eu sinta como é bom procurar ser boa. Aprendi, com muita alegria, a me entregar, com meus entes queridos, nas mãos do Divino Pai, porque Nele confio. Ele me perdoou quando O ofendi. Ele não deixou que eu continuasse a ser aquela criatura amarga, que só olhava um lado da vida, que só pesava as coisas negativas, deixando de valorizar um marido bom, filhas carinhosas, amor, amigos verdadeiros, enfim, uma criatura que não olhava as coisas boas que a rodeavam e rodeiam.

Agradeço ao Pai o que fez. Ele me guiou. Mostrou-me que existem mãos como as suas, que vivem para levantar, curar, para amainar sofrimento.

Tenho fé, aquela fé que estou aprendendo a ter. Não temerei recidivas. Elas não me enfraquecerão porque meu escudo é Deus.

MARIA JOSÉ LIMA MENDES"

Nota – Publicar esta carta não implica abusar da confiança, indiscrição. Muito mais aqui está dito, ela pessoalmente o disse para um grande público, no auditório da Reitoria da Universidade Federal da Paraíba, em 1971. Deu ao professor Hermógenes plena autorização de dar publicidade à carta e à gravação feita naquele auditório. Com isto, ela visa a ajudar pessoas que estão suportando fardos pesados de padecimentos, solidão, incertezas.

Lutar pela vida ainda é o melhor

"Fui um indivíduo que já esteve às portas do suicídio. Hoje completamente reabilitado, gostaria de registrar minha história para ajudar meus semelhantes.

Em outubro de 1973 aconteceu-me o último ato de um longo drama que começara três anos antes. Naquele ano, eu, então com 48 anos de idade, assisti ao falecimento da única filha que restava em minha companhia.

Três anos antes, minha mulher me trocara por outro e eu, tentando encontrar novo afeto, liguei-me maritalmente a uma velha amiga. Com essa ligação, dois filhos não concordaram e abandonaram o lar. 'O senhor não tem nenhuma compostura', disseram-me. Foram sem deixar endereço.

Restou-me Carla, a filha, com cerca de 20 anos, que me entendia e me apoiava. Com o abandono dos filhos, busquei mais ainda o apoio de Carla, e com ela passava muitas horas conversando e desabafando minha dor. Carmela, a companheira que tomara para nova esposa, começou a sentir ciúme de Carla.

Não entendia ainda o ser humano; enfim, hoje chego a dar razão a Carmela: eu a esquecera, buscando tão somente o ombro de Carla para chorar. Sentindo-se desprezada, Carmela me deixou.

No dia em que minha filha e eu saímos para fazer compras (e entre essas compras, um presente para Carmela, que aniversariava no dia seguinte), Carmela abandonou o lar, deixando-me um recado escrito, um bilhete curto, que trago guardado até hoje: 'Meu caro Roberto. Fico feliz em ver que você não precisa mais de mim. Seja feliz'.

Foi este bilhete que encontramos na mesinha do *hall* de entrada, eu e minha filha, quando chegamos a casa. Aliás, foi Carla que viu primeiro e, como não estava dentro do envelope, ela o leu. Horrorizada (e ainda hoje, com algum esforço, posso rever sua expressão de espanto e desalento), ela entregou-me o bilhete.

Depois desse dia, minha filha começou a declinar. Seu sorriso desapareceu. Ficou doente. Os médicos nada encontraram. Desligou-se de tudo; desinteressou-se da vida. Morreu quatro meses depois de Carmela ter me abandonado.

Bom emprego, boa posição social, dinheiro, tudo isso eu tinha. Tudo isso eu gastei para manter viva minha filha. E ela morreu. E eu abandonei tudo. E os amigos – que gostavam de minha posição social – desapareceram. Abandonei a casa. Perambulei pelas ruas. Nem os dois filhos, nem minha primeira mulher tomaram conhecimento da morte de Carla.

Procurei-os em vão. Eles (principalmente meus filhos) poderiam ser meu apoio. Mesmo que me enxotassem me fariam algum bem, tenho certeza. Mas não os encontrei. Depois de dois meses do desaparecimento de Carla, voltei para casa. Fui olhar, pela última vez, o seu retrato. Sim, pela última vez, pois dali eu iria direto para o viaduto terminar com tudo, mas queria morrer tendo a figura de minha filha querida gravada na mente.

Sentei-me no sofá e fiquei estático, olhando o retrato. A campainha tocou; fui atender. Era o vizinho, que tinha me visto chegar em casa. Cumprimentou-me formalmente e me disse: 'Como o senhor esteve esse tempo todo fora de casa, recolhi o jornal. Aqui está o exemplar de hoje'.

Disse-me só mais algumas palavras, porque nem me interessei em ouvir, e retirou-se. O jornal ficou no braço da poltrona. Displicentemente, comecei a folheá-lo. Não estava lendo nada, apenas virando as páginas maquinalmente. Em dado momento, meus olhos leram alguma coisa que me interessou: 'Voluntários lutam contra o suicídio'. Li todo o texto, umas 30 linhas ao todo. Falava da existência de um grupo de pessoas que dedicavam suas horas de lazer para ajudar o quase-suicida a novamente valorizar a vida. Gravei o nome: CVV – Centro de Valorização da Vida*. Não sei por que, anotei o número do telefone.

Olhei o retrato de minha filha e não me despedi dela, pois no fundo achava que estava caminhando para encontrá-la

---

* Entidade fundada em São Paulo em 1962. Telefone (11) 141 ou acesse o site www.cvv.org.br. (N.E.)

novamente. Saí para me matar. Andando pela rua, comecei a pensar no CVV. Estava escrito na reportagem que 'lutar pela vida ainda é o melhor'; dizia mais, que todo voluntário daquele grupo procurava doar amizade. Ora, pensei, como estou decidido a morrer mesmo, não custa conversar com alguém. Só para provar que ninguém podia fazer nada por mim.

Passei por um telefone público e disquei para o CVV. Eram umas cinco horas da tarde, de que dia não sei. Do outro lado, uma voz firme atendeu e me fez uma pergunta: 'Em que lhe podemos ser úteis?'

A senhora não imagina, mas aquela simples pergunta calou fundo em mim. Alguém querendo me servir? Ora, desde que minha filha adoecera, nunca ninguém tinha se colocado assim, disponível, para me servir. Achei que deveria ir conversar pessoalmente com quem me atendia ao telefone. Anotei o endereço e fui.

O carinho, a amizade, o calor humano com que Gervásio, o voluntário do CVV, me envolveu, deram-me novas forças. Achei que deveria pensar melhor a respeito da vida. Marcamos novo diálogo para três dias depois, e muitos outros encontros se sucederam. Nunca Gervásio me impôs nada; nunca deixou de me aceitar e de me entender. Ele sempre me ouvia, ouvia o desabafo da minha dor. Sempre me deu apoio, me deu seu ombro. E eu, aos poucos, reencontrei a vida.

Compreendi que vivendo estaria honrando a alegria de viver que Carla, minha filha, possuía antes de adoecer. Vendi minha casa e fui morar num apartamento pequeno. Voltei a trabalhar e a fazer novas amizades.

Hoje entendo muito bem o lema do CVV – 'lutar pela vida ainda é o melhor'. Estou vivendo só, mas aprendi a valorizar o meu tempo; entendi que valemos por aquilo que fazemos de bom aos outros. Passei a entender meu semelhante, como a um irmão, um familiar. Estou morando só, fisicamente, mas me relaciono com meu próximo e nesse relacionamento sinto a vida.

Esta é minha história. Uma história que teve um final feliz por causa de um jornal jogado displicentemente sobre o braço de uma poltrona. O jornal me levou ao CVV, que me devolveu a vida. Conte esta história, for favor, senhora, para que muita gente saiba que o CVV existe e que realmente ajuda a valorizar a vida.

Grato.

Roberto."

Obrigada, meu Deus

"Eu tenho um filho com 25 anos, que teve problema com tóxicos. Tornou-se toxicômano aos 12 anos. O que fiz diante de tão angustiante problema é inimaginável. A luta foi cruel e, às vezes, desesperadora. De quando em quando ele era preso, mas, como era menor, eu conseguia que o libertassem. Lutei inspirada por Deus, nunca desanimei, mas sofri muito. Tratamentos, os mais caros, e os melhores hospitais. Fiquei arrasada financeiramente, pois fui vendendo meus bens para salvar meu filho. Tudo em vão, lutando sozinha, pois sou desquitada.

Há uns três anos, meu filho foi preso com mais uns três companheiros e uma moça, e foi condenado a um ano de reclusão. Foi condenado na primeira e na segunda instâncias. O advogado abandonou o processo e, quando eu soube, o rapaz já havia sido condenado desde julho. Só tive conhecimento da situação quando a polícia bateu à minha porta para prender meu filho. Por muita sorte, ele conseguiu se refugiar na casa da minha mãe, que mora ao lado da minha. Eu me ajoelhei e pedi a Deus que me desse uma orientação, para saber como salvar meu filho. Tive a intuição de que deveria mandá-lo para fora do Rio, para a casa de uma amiga que mora no interior.

Disse a ele: 'Vai, meu filho, vai para lá, enquanto vou seguir a orientação divina e saber o que devo fazer por você. Você não vai cumprir a pena, porque não a merece; os outros foram absolvidos, só você não foi; não sei nem explicar por quê. Talvez o advogado tenha se indisposto lá no júri, por ocasião do julgamento, e disso tenha resultado certa má vontade com ele e você, que, afinal, foi o único condenado, embora os outros tenham cometido a mesma falta'. Eu o aconselhei: 'Meu filho, você fica lá o tempo que for preciso. Deus me dará a orientação necessária para que eu encontre a solução conveniente ao seu caso'.

Procurei vários advogados e eles me disseram: 'Não tem remédio; o rapaz foi condenado em primeira e segunda instâncias, e ele tem que cumprir pena'.

Eu dizia: 'Não tem remédio para o senhor, mas para Deus nada é impossível; eu não admito a hipótese de ver meu filho, um rapaz com 25 , num presídio. Disso não vai lhe advir nenhum proveito, muito ao contrário, ele vai se corromper com as amizades que fizer por lá, e será uma morte para mim'. Não podia conceber a idéia de vê-lo encarcerado, enquanto seus companheiros, absolvidos, estavam livres. Eu disse: 'Sou adepta da Seicho-no-iê*, e esta religião nos ensina que somos filhos de

* Em português, "A casa da plenitude": filosofia religiosa instituída por Masaharu Taniguchi em 1930 no Japão. (N.E.)

Deus e que temos, também, capacidade infinita. De forma que eu, com a orientação divina, vou salvar meu filho e posso lhe garantir que ele não vai cumprir pena'.

'Está bem', me disse o advogado, 'mas não sei como a senhora vai conseguir isso.'

Eu não sabia o que fazer, mas esperava ser orientada por Deus. Tinha um pressentimento de que ele não iria para o presídio. E, assim, continuei andando, procurando um e outro; enquanto isso a polícia procurava meu filho. Aconselharam-me, então, a ir à vara onde estava o processo dele, e de tanto ir lá, a escrivã simpatizou muito comigo, viu a minha agonia e disse: 'Vou levar o processo de seu filho para casa, porque meu marido é mestre em encontrar saídas, furos em processos. Quem sabe se não há saída nesse processo. Vou levar para casa, e depois lhe telefono'. Dois dias depois, ela me telefonou e disse: 'Há uma saída sim. Desde a data em que ele foi preso, até hoje, ele tem direito à prescrição dessa pena. É uma coisa discutível, porém aceitável. A senhora fala com seu advogado para fazer uma petição, pedindo a prescrição da pena'.

O advogado entrou com a petição. O juiz da Vara de Execuções, muito nosso amigo, a quem fui levada por outro juiz, amigo também, me disse: 'Bem, eu não acho que ele tenha direito à prescrição. Acho isso um tanto ou quanto ilegal, por isso que eu não posso decidir pela prescrição. O que posso fazer é suspender os mandados de prisão contra ele até o fim do ano. Em setembro, a senhora traz o rapaz aqui, ele se apresenta e vai cumprir três meses, em vez de cumprir um ano. No Natal, eu peço indulto para ele'.

Fiquei muito agradecida, mas não era bem isso o que eu queria. Não admitia a hipótese de ver meu filho no presídio. Em casa, continuei as minhas orações, porque nós temos a nossa mentalização – *shinsokan** – que tem uma vibração maravilhosa. Rezamos todas as manhãs, e temos outra oração, também, para os antepassados. Aprendemos que eles devem ser cultuados, para que possam ter conosco ligação espiritual e nos ajudar. Continuei rezando todo dia, pedindo orientação. Minha filha estava grávida, e todos os dias eu fazia a seguinte oração para ela: 'Meu Deus, muito obrigada por essa criança que vai nascer, esse espírito de luz que vai iluminar a nossa família'. Era isto que em meu coração eu dizia diariamente, quando pedia por minha filha.

No dia em que nasceu meu netinho, meu outro filho, mais velho, que é advogado, chegou lá e me disse: 'Mamãe, me dê um abraço. O problema do seu filho está totalmente solucionado. O juiz pediu férias, o substituto dele deu a prescrição da pena. Está prescrita a pena e ele está salvo'.

Eu caí no chão de joelhos, agradecendo por ter entrado na Seicho-no-iê, para aprender que não devemos cruzar os braços nunca; que temos de lutar, mesmo quando a vitória parece impossível. Mas para Deus não existe o impossível e por causa disso esse rapaz está completamente recuperado, está noivo. No interior, onde se encontra, conheceu uma moça maravilhosa, graças a Deus. Obrigada, meu Deus. Obrigada à Seicho-no-iê que me ensinou a lutar pelas coisas, com a orientação de Deus. Muito obrigada."

---

* Prática de meditação do Seicho-no-iê. (N.E.)

Eu despertei

"Num momento difícil da minha vida, chegou-me às mãos o precioso livro *Eu sou o caminho*, de Cenyra Pinto. Suas mensagens, esparsas em páginas inspiradas no santo *Evangelho*, e expressas em linguagem simples, tocaram minha intimidade espiritual, pois são ensinamentos de amor, que apontam roteiros felizes para a jornada humana. Depois disso, tive a satisfação de conhecer e fazer-me amiga da autora de livro tão edificante. Agradeço a Deus por ter encontrado essa boa amiga, por quem rogo em minhas preces, bem como por seu inspirador espiritual, irmão Jacy.

As experiências que me chamaram à responsabilidade começaram cedo. Casei-me aos 15 anos, no despontar da adolescência. Em meu íntimo, porém, considerava-me bastante amadurecida.

Tomei como responsabilidade desse casamento criar um filho, pois meu marido era viúvo. Procurei, dentro de minhas possibilidades, fazer desse filho, que passara a ser meu também, um homem digno. Dei-lhe instrução, amor, carinho, e graças a Deus pude dar conta do meu recado. Ele só nos tem dado alegrias em todos os sentidos.

Desde que me casei, meu maior desejo era ter uma filha. Eu sentia ser essa a grande motivação de minha existência terrena. Esperei muito. Cinco anos após meu casamento é que pude ter a suprema felicidade de ter em meus braços a filha tão ansiosamente esperada. Era linda: cabelo castanho-escuro, a face parecia esculpida, tão bem proporcionada era. Assim mesmo é que eu a idealizara.

Minha felicidade não tinha limite. Sentia-me realizada com a chegada de minha filha. Não saía de perto admirando-a.

Seus aniversários eram festejados com toda pompa e alegria. Fazia questão, como fiz desde o momento em que iniciei seu enxovalzinho, de fazer pequenas obras de arte, que nunca havia aprendido. Mas a força do amor de mãe é capaz de todos os milagres.

Não havia boneca que minha filha não tivesse na sua grande coleção. Matriculei-a nos melhores colégios, professores particulares, tudo muito além de minhas possibilidades.

Como não podia pagar grandes costureiras, esmerei-me ao máximo para confeccionar seus lindos vestidos. A cada semana preparava-lhe um e comprava todo o complemento para a sua toalete. Eu utilizava até as horas do meu descanso para dar a minha filha adorada mais conforto e luxo.

Depois de moça, quando entrava nos salões, chamava a atenção por sua beleza, apresentação, charme natural. Estava sempre impecavelmente bem vestida.

Muitas pessoas que não nos conheciam na intimidade pensavam que minha filha fosse de uma família abastada. Mas só Deus sabe como eu conseguia manter esse padrão, com meu modesto trabalho de bolos e doces feitos por encomenda.

Ela foi ascendendo até a alta sociedade; esse mundo enganoso (só agora reconheço) abriu-lhes suas portas. Ter uma posição social é o sonho de toda moça de família modesta. E minha filha foi atraída para essa vida social: era cortejada, elogiada, requisitada. Foi totalmente envolvida pelo vazio desse meio e assim viveu parte de sua curta existência.

Hoje, fazendo uma auto-análise, cheguei à conclusão de que estamos muito enganadas, nós, mães, ao pensar que dando tudo aos filhos, até ao exagero, estamos fazendo o melhor. Muito ao contrário, estamos lhes mostrando um mundo errado, um mundo de ilusão. Temos obrigação de dar aos nossos filhos aquilo que está ao nosso alcance, despertando-os para a realidade, os enganos da vida. Amar muito, dar os melhores exemplos em todos os sentidos, este é o dever dos pais conscientes. E eu me julgava amadurecida, achando que estava fazendo o que era certo.

Sonhei com esta filha, vivi para ela, mas nunca a tive realmente, senão enquanto foi bebê, e nos seus primeiros anos de vida.

Ela casou-se cedo, com um homem rico. Mais tarde resultou em fracasso esse primeiro casamento; ela, porém, continuou naquela vida envolvente, cercada por pessoas nem sempre recomendáveis.

Veio o segundo casamento, também com um homem muito rico. E ela cada vez mais inebriada pela vida de sociedade, que tanto a seduzia.

Compreendi, tarde demais, aonde tinha levado minha ignorância, mostrando, e até mesmo tentando, sem querer, minha filha com um mundo de mentira que não poderia ser mantido, devido às nossas condições financeiras.

Quando enxerguei meu erro, era tarde demais. Ela já havia se distanciado de mim, embora nos desse apoio financeiro e relativa atenção. Minhas advertências não chegavam mais aos seus ouvidos. Nossos mundos eram diferentes.

Estado de espírito cruel é o de uma mãe ao reconhecer que falhou por imaturidade espiritual! Enquanto me desdobrava para projetar minha filha nessa sociedade que hoje desprezo, iludia-me e a ela também. Nessa época, a vida espiritual ainda não tinha entrado, como devia, nas minhas cogitações.

Quando vi que tudo estava errado, não soube tolerar, não soube compreender que a culpada era eu.

E ela, talvez levada por essa vida tão agitada, partiu para o mundo espiritual com apenas 33 anos, num desastre de avião, de maneira trágica.

Desde meus 14 anos dediquei-me à leitura espiritual, o que ajudou em minha formação. Sempre procurei fazer o que manda o *Evangelho*, mas, na realidade, enquanto nós somos felizes e tudo vai bem, não valorizamos realmente as mensagens de Cristo. Só quando sentimos a dor arrasar nossa alma é que despertamos para a realidade.

Três dias depois dessa grande dor, a perda da minha filha, eu despertei. E despertei para o início de uma nova vida. O mais difícil foi entender o porquê de tudo o que me acontecera. Por quê, meu Deus, minha filha foi levada de maneira tão cruel, se era o que eu mais amava?

Graças a Deus não entrei em desespero, porque a minha fé inabalável não me permitia ir contra os desígnios divinos. Compreendi que aconteceu porque precisava acontecer, embora minha dor fosse muito grande. Daí por diante tudo foi se aclarando, até que passei a ler os livros de Cenyra, não só com os olhos do corpo, mas também com os da alma, e minha vida se transformou, porque quanto mais eu leio e releio estes livros, sempre encontro uma palavra, uma expressão, uma frase que me leva a me aprofundar mais na realidade da vida. Eu gostaria, meu Deus, não só de transmitir as palavras destes livros, como as palavras de Jesus.

Quando estamos atravessando momentos de dor, momentos difíceis, não é muito fácil raciocinar. Mas como é importante o raciocínio! Como é importante não nos deixar levar pela parte emocional, pelo desespero. Como é necessário confiar em Deus, diante de todos os momentos difíceis da nossa vida!

Hoje, passados já três anos dessa grande tragédia, quanto aprendi! Mas aprendi com lágrimas, não só dos olhos físicos, mas as da alma, analisando a minha vida, procurando observar mais os meus atos do que propriamente julgar o que fizeram de errado à minha filha. O que eu não soube lhe dar de realmente bom, ela já trouxe consigo: foi a sua bondade, seu espírito bem formado, sua preocupação em dar o que tinha de melhor aos pais, sua generosidade incondicional para com os amigos, sua meiguice para com as filhas.

Hoje, quando vejo esses jovens, moças e rapazes, vivendo uma vida de ilusões, sinto uma profunda tristeza. Gostaria de dizer: 'Não percam seu tempo em tirar seus filhos de seus maridos, de seus lares, do carinho, do calor humano de que eles precisam'. Quanto tempo perdemos inutilmente numa existência...

Hoje, em dia, muitas criaturas vivem insatisfeitas, chegando, em desespero, ou por insatisfação, aos tóxicos, e muitas vezes até ao suicídio, porque perderam o tempo precioso que Deus nos concedeu, vivendo uma vida vazia de sentido espiritual. Dentro de nós está a fonte cuja água é capaz de nos tirar a sede das paixões que nos arrastam ao vazio. No coração está a luz da vida; só ela pode nos guiar rumo à paz."

Um batalhador da seara espírita

Vou relatar o depoimento de um dedicado trabalhador da seara espírita, que tem demonstrado como os ensinamentos doutrinários cristãos penetraram em sua vida, influenciando seu comportamento, sua compreensão e solidariedade, tornando-o, diante das dificuldades e do sofrimento, um exemplo de equilíbrio e aceitação. Sei que passou por experiências que o abalaram profundamente.

Ferido em seus sentimentos, encontrou forças para dominar suas emoções dilaceradas, mas sob controle, numa bela demonstração de educação na adversidade, soube conviver com sua dor e continuar nas tarefas de auxílio a seus semelhantes.

Num diálogo fraterno, perguntei-lhe se veio de um lar espírita ou se tornou espírita por sentir e compreender o alcance da Doutrina. Com a serena segurança de quem pauta seus atos pela qualidade dos ideais, explicou:

– Sou espírita-cristão graças à misericórdia de Deus. Tornei-me espírita há quatro anos; foi a oportunidade que tive de ser preparado para a compreensão e a aceitação dos desígnios de Deus. Se assim não fosse, não sei como poderia suportar a provação por que passei.

"A Doutrina Espírita me deu estrutura moral e espiritual e amparo cristão para superar os rudes golpes que experimentei. Creio que minha aceitação paciente, diante de imprevistos dolorosos, serviu-me de aprovação nos testes a que fui submetido, amenizando ou resgatando minhas principais dívidas de vidas passadas. A Doutrina Espírita foi uma verdadeira bênção em minha vida, nos momentos mais difíceis. Agradeço a Deus e a Jesus por tanta misericórdia."

– Como se tornou médium?

– Comecei recebendo belas mensagens. Ponderei que eu não tinha capacidade para escrever coisas assim. Procurei, então, um amigo espírita e levei-lhe as mensagens para que ele as lesse. Ele tranqüilizou-me e disse: 'Isso não é seu, são mensagens; você é médium psicógrafo'. Daí em diante comecei a me interessar pelo Espiritismo, por meio da psicografia.

– O senhor poderia falar sobre os golpes por que passou, caso a recordação não lhe cause intranqüilidade emocional?

– Não vai me emocionar, porque nós estamos a serviço. Outros também passaram por duros golpes. Sinto que nossa obrigação é aceitar os desígnios de Deus, para dar exemplo a outros que não conhecem a vida espiritual.

"Em maio de 1975, meu filho mais velho, com 22 anos de idade, vinha da faculdade onde estudava economia, em companhia de amigos, de carona no carro de um deles, quando o carro se desgovernou e ocorreu o desastre. Ele desencarnou na mesma hora. Além dele, faleceu também uma moça.

Em janeiro de 1976, meu outro filho desencarnou da mesma maneira. Vinha da faculdade, com vários amigos, quando se deu o acidente no qual ele e um colega tiveram morte instantânea. Vinha igualmente de carona."

– E como foi que o senhor encarou os acontecimentos que envolveram seus filhos? Chegou a revoltar-se?

– Não. Revolta propriamente não, porque a Doutrina Espírita nos ensina que tudo o que Deus faz está certo. Mas a dor foi muito grande. O golpe foi muito duro, eram nossos dois únicos filhos. Mais tarde, minha esposa e eu tomamos conhecimento, por meio de uma comunicação mediúnica, que nossos filhos vieram por nosso intermédio para nos ajudar a resgatar dívidas do passado. Eu e minha mulher somos espíritos muito endividados. Nossos filhos eram espíritos ligados a nós de outras vidas, eram já muito esclarecidos.

– Seus filhos também eram espíritas?

– Meu filho mais velho dava passes, principalmente em senhoras grávidas e em crianças de até 14 anos. Era a especialidade dele. O mais novo não se interessara por religião, mas era um rapaz excelente, muito bom. Eram espíritos muito equilibrados.

– Neste momento, como sente os acontecimentos passados?

– Os golpes foram terríveis, arrasadores, mas a nossa reação foi de compreensão com os desígnios superiores. Tivemos serenidade, ainda que abalados, ante o doloroso evento, porque o amparo era muito maior do que todas as dores. A Doutrina nos ensina que estava programado, e programado por nós mesmos, quando retornamos em nova encarnação. Revolta não existe, mas saudade amena e permanente, como um convite para futuro reencontro com eles.

– Seus trabalhos de auxílio ao próximo não ficaram parados após esses dolorosos acontecimentos?

– Os golpes apenas me prepararam para ingressar com mais profundidade na seara do bem, nos caminhos sagrados que nos levam a Deus. Duas semanas após cada um dos golpes por que minha esposa e eu passamos, voltamos às nossas atividades espirituais. Parece que aprendemos com essas duras experiências a amar muito mais ao nosso divino mestre Jesus, e eu me coloquei com mais amor na tarefa que me foi dada a executar na Terra.

– Sei que o senhor é uma criatura generosa, que dá passes e tem outras atividades espirituais. Poderá citar alguns locais aonde vai levar sua ajuda?

– A minha atividade espiritual consiste no seguinte: visita à penitenciária, no primeiro e terceiro domingos do mês, serviço de doutrinação e passes magnéticos nos detentos. Visita, aos domingos, aos mendigos do Asilo Cristo Redentor. São ministrados passes magnéticos a quase todos. Visita à Colônia de Curupaiti, todas as sextas-feiras, às 6 horas, indo os trabalhos de passes aos doentes até as 10 horas. Trabalho no serviço de passes magnéticos em várias instituições espíritas, com dias e horas marcados pelos respectivos diretores. Visitas ao Lar de Teresa, Jardim de Scheila (creche), Joanna de Ângelis, e uma instituição ainda em organização, sob a direção da senhora Suzana Mouzinho nos serviços de desobsessão. Meu trabalho ativo e importante é a visita a dezenas de doentes que não podem comparecer aos centros espíritas, sendo por isso atendidos por mim, em suas próprias casas. A esse trabalho dedicamos a maior parte de nosso tempo disponível e, graças a Jesus, temos realizado muito em benefício deles.

"Na minha casa comercial, tenho uma salinha reservada para dar passes nos que me procuram. Tenho uma propriedade em Ipanema, a qual cedo a várias instituições espíritas. No primeiro andar, localiza-se o Lar de Teresa e o Consolador. No segundo e terceiro andares, funciona o Jardim de Scheila, creche com 25 crianças assistidas totalmente durante o dia. As duas lojas, eu cedo a várias instituições para organizarem seus bazares. Elas ficam à disposição de cada uma das instituições, durante 15 dias, perfazendo o total de 48 instituições anuais. Atendendo ao seu pedido, para finalizar com uma mensagem aos leitores, repetirei um pensamento que muito me conforta e dá força para prosseguir como operário de Jesus, nos trabalhos a serviço do bem:

'Senhor! Eu te agradeço por esta maior maravilha da vida, que é a da minha dor ser uma bênção Tua'."

A fé nas minhas provas

"Tenho convicção profunda de que sem fé nada somos. Desde pequena fui de tendência mística, procurando algo que não sabia o que poderia ser, mas que deveria existir. Sempre que me sentia intranqüila com algum problema, eu me encolhia nos braços da senhora Fé, de onde saía sempre com um sentimento de força. Nunca soube me explicar como nasce esta fé decisiva, que mesmo na infância me fazia confiar nos companheiros e parentes e não me abalava quando tentavam desiludir-me; ao contrário, sentia pena.

Minha família era católica e eu sabia como é a fé religiosa em que deixamos todos os nossos problemas nas mãos dos santos, e mantemos a obrigação de orar e cumprir os mandamentos. Para mim, porém, fé era como uma alavanca que me dava forças para alcançar meus objetivos e sofrer sem queixas. Meus parentes eram católicos, cheios de fé, mas na hora da adversidade sentiam-se inseguros e procuravam nos outros a causa de seus insucessos, menos neles próprios.

Minha percepção me dizia que o mundo não era um brinquedo, e que algo estava reservado para mim. Um dia, perguntei a um padre se estava certa no meu modo de ter fé. Ele me disse: 'Sua verdade talvez seja mais linda que a minha. Não a modifique nunca'. Senti, então, que deveria, por toda a minha vida, ser inabalável em minha fé, em qualquer situação, e que com ela eu seria vitoriosa.

Orar é bom, é o diálogo com Deus; mas ter confiança em nós mesmos é, também, um meio de oração.

Sempre acreditei no Deus que perdoa e ensina a perdoar, não podia compreender o Deus que castiga. Tinha de haver uma razão para certas coisas. Cheguei a entender que somos os autores do nosso destino. O 'hoje' é conseqüência do 'ontem', e o 'amanhã' será resultado do 'hoje'. Tudo como produto de nossas ações. É a Lei Divina. Compreendi que existem, relacionados, o mundo material e o espiritual.

Não me foi difícil compreender que nada se ganha de graça e que antes de pedir é preciso doar.

Perdi meu pai quando tinha quatro anos. Ensinaram-me que aos embates da vida só com muita fé se resiste. Ajudando minha mãe na manutenção da casa, muitas situações embaraçosas ocorreram, levando-me à confirmação de que a fé tem que ser ativa. Sempre tive o cuidado de examinar o que pedia a Deus.

Abraçando o Espiritismo, confiava em meus benfeitores espirituais de um modo racional e sereno, ajuizando com humildade e sem fanatismo a orientação recebida; sentia por todos uma fé repleta de amor e não esperava milagres, e assim verifiquei que o amor/fé era uma coisa linda, pois quase não pedia e sim dava; passei então, sempre que desejava pedir algo a alguém, a pensar só em coisas boas e positivas e a fazer serenamente a súplica com toda fé e confiança. Com isso recebia o que havia pedido.

Casei-me sem ter muito conhecimento dos problemas da vida matrimonial. Estava casada fazia quatro anos quando nasceu meu primeiro filho. Eu sabia que um filho vem ao mundo para estar sob os cuidados e dedicação amorosa dos pais, mas não pertence a eles; antes de tudo é filho de Deus. Temos obrigação de cuidar deles como criaturas e prepará-los como almas. Prometi a mim mesma que dentro de minhas possibilidades tudo faria para bem orientar os sentimentos de meu filho, para que fosse bom e nunca usasse Deus para trocas: dar alguma coisa para receber outra.

Dois anos depois de nascer meu filho, tive uma menina. Vivia um momento difícil na vida conjugal, que aos poucos ia desmoronando, mas não dependia de mim tomar iniciativas que eliminassem o perigo da separação. Mantive minha fé e continuei lutando, sabendo, porém, que as provas são feitas para ser vencidas.

Quando meu filho mais velho estava com três anos, e a menina com um ano e dois meses, ambos tiveram paralisia infantil. Era o momento decisivo para que eu pudesse testar a minha fé em Deus, nos amigos e em mim. Sabia que nada acontece por acaso. Tinha que lutar muito. Deus só dá a vitória aos que não cruzam os braços, por isso lutei sorrindo, pois a espiritualidade não nos carrega no colo, mas caminha ao nosso lado transmitindo-nos força. Não esperei milagre, mas ele aconteceu. O padre Antônio estava, então, em evidência pelas curas que realizava em Rio Casca, Minas Gerais. Senti que devia procurá-lo para que meus filhos recebessem as bênçãos e vibrações de sua corrente espiritual.

Acertada a viagem, embarcamos; meu marido, para me fazer a vontade; e eu, com a certeza de que o que fosse possível seria feito. Não pedi a Deus nem aos guias que modificassem nosso destino, mas que nos dessem forças para resistir e enfrentar tudo com aceitação.

Em Rio Casca, vendo a multidão de desesperados em busca de conforto, assustei-me, mas nem por um momento admiti que meus filhos estivessem sofrendo uma injustiça; Deus é meu Pai e me ama e só poderia me dar o melhor. Conversei com meus benfeitores espirituais e confessei-lhes sinceramente o que sabia sobre o poder deles e quanto nós éramos fracos para receber tudo o que ali era distribuído. O resgate das crianças era sério e dependia mais de nós do que de Deus receber benefícios. Esperei com calma e fui atendida. Os dois ficaram bons lá mesmo; e para o resto da minha vida eu agradeci a Deus, colocando-me à disposição Dele para tudo o que precisasse de mim.

Desenvolvi a mediunidade, não para receber benefícios. Tenho gravada na mente a frase de Chico Xavier: 'Ser médium é ser devedor em última etapa'.

Se já vivemos sem causar mal a ninguém, devemos compreender que não basta não fazer o mal; é preciso fazer o bem, o que, sem dúvida, fortifica a nossa fé.

De tudo o que li, principalmente o *Evangelho*, senti como é grande a responsabilidade de quem se dedica ao trabalho espiritual. Não basta dizer o que somos ou que temos fé. O importante é pôr em prática o que aprendemos.

Muitas provas e experiências me causaram inquietações, mas não me levaram ao desespero. Com dois anos de casada, fui avisada, espiritualmente, de que algo muito grave aconteceria em minha vida, relacionada com o lar; e que nessa hora eu deveria mostrar se realmente tinha a fé de que sempre falava.

O tempo correu, e afinal minha hora foi assinalada. O ponto culminante da minha experiência terrena era meu marido. Soou a sirene da advertência e eu deveria provar se a Doutrina Espírita entrara realmente em minha vida.

Meu marido tinha outra mulher; solicitado pelos imperativos de suas disposições, caiu, e eu não sabia, no momento, como agir. Sofrer, eu sofri, mas deveria reunir toda a minha paciência para enfrentar a situação, e a paciência, como li na *Bíblia*, só não se esgota nos tolos; e a razão é como uma vasilha com duas alças em que cada um puxa para seu lado. Continuei pedindo o auxílio espiritual, uma orientação, se possível direta. Pelos princípios de educação que recebi, encarava o casamento como coisa muito séria, que deveria ser preservado, e só Deus poderia estabelecer-lhe o fim. Aguardei. Um dia, vi escrito no espaço uma frase: 'Na caminhada para Deus, quando não podemos ir acompanhados, vamos sós, mas vamos'. Surpresa, não entendi o exato sentido da mensagem; finalmente, mais tranqüila, compreendi que se tratava da resposta que eu havia pedido. Chegara o momento de tomar uma decisão. Tive uma importante revelação. Em outra vida, havíamos vivido um triângulo amoroso, em que eu fora a algoz. Está no *Evangelho*: 'Com a medida que medires serás medido' (com a intenção ou sentimento com que agirmos, receberemos experimentação moral correspondente aos nossos atos, para que, autores das nossas obras, sintamos o que realizamos, compreendendo valores positivos e negativos e nos tornemos criadores conscientes de nossos destinos, não ocasionando sofrimento a ninguém, para assim usufruir o bem, a paz e grandes realizações em nosso trajeto).

Em outro tempo, atendendo a meus próprios interesses, desejos e egoísmo, agi erradamente; agora, pensando com acerto, deveria fazer o que era justo; expliquei isso tudo a meu marido, mas ele não entendeu a razão do meu desprendimento, quando lhe ofereci a separação, sem lutas. Como tenho o meu apartamento para morar, dei o outro a ele. O bem que desejo a minha filha também desejo à filha dele com sua companheira. Senti meu coração aliviado. Ele chorou, tentou dar-me explicações, mas no fundo eu não ignorava o que ele não sabia; os dispositivos das leis divinas entravam em ação: 'quem com ferro fere, com ferro será ferido'. Mantivemos, daí por diante, uma sadia e fraternal estima. Já se passaram dez anos; nenhuma mágoa existe. Já não carrego fardos que me atrapalhem o caminho; os que me vierem por imposição do meu destino, eu os aceitarei e procurarei fazer o melhor possível para levá-los até o momento em que possa desfazer-me dele. Sinceramente, desejo que eles sejam felizes. Se pudesse, recomendar-lhes-ia que nunca errassem, para que a desventura não entrasse em suas vidas. Jesus tem responsabilidade sobre nós, mas nós devemos purificar nossas vidas e ser fraternais uns com os outros, para bem seguir o pastor de luz que nos leva juntos de retorno à casa paterna.

Quando minha filha se uniu a um rapaz desquitado, entendi a opção de seu amor, entreguei-a a Deus e continuo com minhas preces e a confiança de que serei ouvida, e que ela encontrará tudo de bom.

Para a escalada espiritual e a felicidade em nossas vidas, temos que abolir o mal e o egoísmo que existem em nossos corações, prontos a se aproveitar de todas as situações que os favoreçam. Precisamos conscientemente nos corrigir, podar os excessos negativos e nos reeducar nos padrões evangélicos, levando a chama da confiança e da fé inquebrantável e racional, de que Deus é o Pai de amor e fé, que deseja nossa reabilitação e nos dá oportunidades de muitas representações no teatro do mundo, para adquirir valores e refazer na matéria, mesmo dolorosamente, as inconseqüências de um passado de erros e maldades, resultantes da ignorância, própria de todos nós, almas crianças, ainda nos degraus inferiores da evolução.

Amando serei amada, compreendendo serei compreendida, perdoando serei perdoada. É a filosofia cristã do amor na expressão de vida e trabalho de Francisco de Assis."

Lutas e sofrimentos renovadores

Amazonas Hércules, secretário do Centro Espírita Filhos de Deus, da Colônia de Curupaiti, por sua aceitação e paciência na prova, sua dedicação ao trabalho assistencial, é um admirável exemplo de batalhador na luta sem tréguas de vencer-se a si mesmo e no trabalho permanente de renovação espiritual.
O relato de sua experiência é uma lição para muitos desventurados que ainda não puderam acomodar-se ante os golpes da adversidade.

"Nasci órfão de pai, na cidade de Manaus, por detrás do antigo Parque Amazonense, em 1912. Aos quatro anos de idade, minha vida sofreu uma transformação. Minha mãe, que estava bastante enferma, tuberculosa, sentindo agravar-se o seu estado de saúde, entregou-me, com meu irmão Benjamin, aos cuidados de minha madrinha, Lídia Cardoso Fernandes, que foi quem me criou.

Minha madrinha possuía uma grande propriedade no subúrbio denominado Girau. Aí transcorreu minha infância e um pouco da adolescência, dos oito aos 18 anos, entre diversões naturais da idade e a abençoada disciplina do trabalho. Plantava macaxeira, milho, feijão e outras espécies; era um trabalho que se renovava a cada estação. Cuidava, também, de aves e gado como parte das tarefas, além de outras atividades domésticas, paralelas ao estudo. O trabalho tem sido sempre uma constante em minha vida, ele me deu a energia necessária para os embates da vida, que vieram, e foram muitos.

A educação é um fator muito importante na preparação do caráter e estabelece uma base firme para efetuar, a qualquer tempo, a transformação espiritual, que nos exige a renovação interna. Modifica hábitos e implanta a semente de novos modos de sentir e viver. Eu sinto que trouxe do passado todo um acervo de tendências hostis e agressivas. O trabalho, a educação e o sofrimento têm sido forças positivas em minha preparação interna, desbastando, até hoje, todos os excessos indesejáveis.

A revolução de 1930, com suas transformações políticas e econômicas, modificou nossa vida. Minha madrinha, apesar de não se envolver em política, foi afetada pela nova ordem, que a desapossou de imensa gleba da qual partilhava com outros membros da família, o que nos obrigou a deixar a cidade e ir morar no interior.

Por efeito de uma troca de propriedade, fomos morar no Paraná da Eva. Um novo aprendizado; vida diferente da citadina. Tivemos de nos adaptar e integrar ao ambiente, e aí plantar, criar, pescar... Ia sempre com os companheiros, ou às vezes sozinho, para atividades diversas, entre as quais cortar palha para cobrir casas, o que nos obrigava a passar dias no mato, dormindo no tapiri – pequena cobertura de palha, improvisada para abrigar da chuva – alimentando-nos com peixe, pescado no intervalo da tarefa, ou carne assada na brasa, pirarucu seco e farinha. Ajudava também no roçado, com derrubada de árvores, no preparo da terra para a plantação; capinas que começavam após a coleta do leite, às 4h30 da manhã, e depois seguiam até às 18 horas, ou até quando restasse claridade; cuidava do gado, com a recolha das crias ao curral, à tarde; pescarias, que faziam parte das obrigações destinadas a manter a sobrevivência da família. Nesse período colaborei também na exploração de uma propriedade de meu irmão, no rio Paracuni, entre os municípios de Mauê e Borba. Eu partia com expedições de oito homens, em média, em busca de produtos extrativos, balata-látex-óleo de copaíba e couros de animais silvestres. Passávamos cerca de três meses mergulhados na mata, alimentados apenas com poucos recursos, levados e obtidos no local. Em determinada ocasião quase nos afogamos, eu e um companheiro. A canoa começou a fazer água, durante a noite, e quase afundou. De outra feita, em noite de muita chuva, em uma manobra infeliz, as águas invadiram o barco e ele virou, perdendo-se na correnteza. Só tivemos tempo de nadar para a margem e salvar nossas vidas. Passamos o resto da noite acomodados num galho de árvore, molhados até os ossos. Assim, na vivência dura, lutando com as asperezas do ambiente, fui me tornando resistente e forte, talvez para enfrentar outras dificuldades dolorosas que me aguardavam nos anos seguintes e que vieram mudar a direção de minha vida.

Passados quatro anos, sentindo que o ambiente pouco oferecia em relação a um futuro melhor, e desejando progredir, retornei a Manaus, em busca de novos horizontes.

Tudo difícil. Não tinha maior preparo para enfrentar o mercado de trabalho. As poucas oportunidades existentes eram disputadas por aqueles que lá viviam, que tinham parentes e amigos capazes de lhes abrir caminho para uma boa colocação. Era quase impossível um forasteiro como eu conseguir um emprego. Assim, voltei ao contato com a natureza. O doutor Marçal Ferreira, engenheiro agrônomo, havia sido designado para efetuar o levantamento do patrimônio territorial do município de Moura, no Rio Negro, e como seu auxiliar fui engajado na expedição. Nesse trabalho aprendi rudimentos de topografia, manejo do teodolito, que me foram úteis quando, com o impedimento do engenheiro, por motivo de saúde, fui encarregado de terminar o serviço que a ele estava afeto.

De volta a Manaus fui servir ao Exército, onde fui incorporado ao 27º Batalhão de Caçadores.

Creio que foi nesse período, de prestação de serviço militar que ocorreram as primeiras manifestações do mal de Hansen, que não foram, entretanto, percebidas, pelo completo desconhecimento dos sintomas.

O fato ocorreu da seguinte maneira: estava de serviço na Delegacia Fiscal quando, ao acordar, senti-me febril e com o pé esquerdo completamente mole, bambo, sem controle. Pedi minha substituição no serviço e dali fui removido para a

Enfermaria Militar de Manaus, onde passei quatro dias, com medicação que não sei precisar, recebendo, depois, alta, sem maiores preocupações. O pé retornou ao normal.

Em Belém, quando fui realizar o curso de transmissão, tive nova manifestação da doença, sob forma de uma "nevrite", que se manifestava com dores em todas as articulações, e que me impossibilitavam até de me vestir. Nessa ocasião, para não perder o curso, não procurei assistência médica. Nenhuma medicação foi feita e me restabeleci.

Quando de regresso a Manaus, com o término do curso de transmissão, ocorreu uma tempestade, e tivemos que ajudar os marinheiros a fechar as escotilhas e sanefas; na ocasião, molhei-me muito, sentindo em seguida os sintomas de uma forte gripe, que me afetou a vista. Embora não soubesse ainda, já eram essas as primeiras manifestações da doença. Essa reação me deixou um mês completamente cego, o que me valeu uma dispensa, por aquele período, das obrigações no quartel. Mas nenhum tratamento objetivo foi feito pelo Exército. Vali-me, apenas, de um oculista amigo, doutor Agenor Matta, que me atendeu com tratamento oftálmico, após o que regressei às fileiras, para ter baixa, com o posto de 1º cabo.

As experiências anteriores, como ajudante do engenheiro e as do serviço militar, propiciaram-me uma visão diferente da vida, com recursos que não eram mais aqueles do jovem interiorano, oriundo da lavoura e do trato com os animais e coisas da natureza. Já havia compreensão das leis dos homens, do relacionamento do cidadão com as coisas públicas. Uma malícia necessária à sobrevivência nas grandes cidades.

E foi exatamente essa 'malícia' que me propiciou o primeiro e único emprego no serviço público.

Com a baixa do Exército, vi-me novamente em busca de um emprego, na capital, sem conhecer ninguém, sem recursos. Tomei uma atitude que, se não obtivesse sucesso, resultaria na minha prisão: escrevi uma carta ao interventor do Amazonas, doutor Álvaro Botelho Maia, pedindo que ele retificasse o erro cometido por ocasião de sua posse no cargo. Por um ato seu, no período revolucionário, as terras de minha mãe de criação foram confiscadas, e agora estávamos todos passando necessidade. Que ele me conseguisse um emprego no Estado, a fim de que pudesse atender à velhinha, que estava cega e sob minha dependência. Assim, ele corrigiria, em parte, o erro praticado.

Não se fez demorar a reação do governo. Um policial bateu em minha casa, dias depois, procurando-me. Como eu estava fora, só soube do fato por ocasião de meu regresso.

Minha mãe ficou assustada, pois nada sabia do assunto e pensou logo que fosse por causa de uma namorada que eu tinha na ocasião.

Compareci à secretaria policial, e o chefe de polícia de Manaus informou-me de que o governador lhe havia encaminhado a carta que eu escrevera, pedindo informações sobre minha pessoa. Contei-lhe resumidamente minha vida, e disse que referências poderiam ser obtidas no Exército, de onde saíra fazia pouco, após servir três anos.

Parece que as informações foram satisfatórias; dois dias depois, recebi das mãos de um soldado de polícia, na minha casa, um cartão de audiência com o governador, marcada para aquele mesmo dia.

Preocupado, saí à rua e, quando tomava café num botequim, ouvi uma conversa de dois indivíduos sentados na mesa ao lado: um dizia para o outro que a 'vaga no Departamento de Estatística havia sido posta à disposição do governador', e seguiram-se comentários em torno do assunto. Aquilo ficou na minha cabeça.

Quando, na entrevista, o interventor me perguntou o que eu queria, imediatamente me veio à mente a tal vaga no Departamento de Estatística. Ele ligou para a repartição, confirmou o fato e encaminhou-me, com um cartão, solicitando minha admissão para aquela vaga. Eis-me tornado funcionário público em 1938.

Era uma nova vida que começava, e novos conhecimentos foram incorporados ao meu patrimônio. Galguei, com vagas ocorridas, algumas promoções e pude desenvolver, com amigos, atividades paralelas que complementavam o pequeno salário do serviço público.

No decorrer desse período, comecei a notar novos fatos em minha saúde. O pé que tivera aquela paralisia, no Exército, começou a apresentar uma fraqueza que atrapalhava a marcha normal. Tropeçava com freqüência. Notei, paralelamente, uma pequena mancha esbranquiçada no peito, que aparecia e sumia com freqüência. O médico achava que era do fígado, e se fazia o tratamento com aquele objetivo.

Era intensa minha atividade profissional exercida na ocasião. Além do serviço na repartição e no escritório, com amigos, passei a atuar, também, em outra atividade ligada à administração pública, com vistas a aumentar a área de conhecimentos. Essa nova tarefa, além de possibilitar um pequeno rendimento, estava ligada à orientação das prefeituras no interior, que me permitiam alimentar o sonho de, algum dia, chegar também a ser prefeito em alguma cidade. E por que não? Conhecia bem a administração àquela época, a ponto de retificar os trabalhos de alguns prefeitos. O que me impediria de ser um deles? Mas esse esforço refletiu-se sobre a minha saúde. Passei a ter desmaios freqüentes no trabalho, como conseqüência de estafa. Fui à junta médica e aí então foi constatada a doença. Seguiu-se a aposentadoria e meu afastamento do serviço, a morte de todos os sonhos e ambições do jovem e futuroso amanuense, amazonense.

Minha primeira reação não foi nada cristã. Tive vontade de dar um tiro no médico que me tratava do 'fígado'. Julgava-o incompetente, por não ter descoberto e tratado da doença logo no início, quando fui ao seu consultório. E como vinha ele, agora, na qualidade de diretor da Secretaria de Saúde, dizer-me que estava doente, com o mal aterrorizante de doença bíblica? O mundo desabou aos meus pés. Saí do consultório perturbado, aterrorizado com as perspectivas do que considerava 'minha desgraça'.

Aquele dia de pesadelo não terminaria, entretanto, na entrevista com o médico. Aquilo fora apenas o começo. Dali fui para a repartição e nova decepção me aguardava. O médico telefonara ao meu chefe e, quando lá cheguei, senti novamente o mundo cair. Os amigos, companheiros de trabalho e chefes pareciam estranhos. Não via o sorriso nos lábios daqueles momentos de amizade, de boa convivência. Todos estavam sérios, evasivos e distantes. Senti-me como escorraçado.

Não foram muitas as palavras, na ocasião. Apenas disse ao meu chefe que voltaria outro dia, para passar o trabalho a um colega.

Em casa, comuniquei o fato à Dindinha, que, com palavras de amor e carinho, procurou remendar e medicar as chagas abertas em meu espírito, com os fatos daquela tarde.

Foi um dia terrível. À noite, entretanto, fui à casa de uma senhora amiga, Amélia Thompson de Castro, que trabalhava também no Departamento das Municipalidades, e dela recebi conforto e conselhos. Ela foi quem me orientou no sentido de buscar tratamento no Rio, constituindo-se num verdadeiro 'anjo da guarda' nesse período. Movimentou suas amizades e conhecimentos, que propiciaram minha viagem para a capital do país, com recursos suficientes para que eu aqui ficasse durante um ano, em tratamento particular, sem precisar trabalhar.

Até aquela altura de minha vida, eu sempre fora um 'espírita', mas entre aspas, tal como está grafado. Conhecia a Doutrina por ler os livros de minha madrinha, que era convicta e praticante. Acompanhava-a às reuniões da Federação Espírita Amazonense, mais para lhe fazer companhia, em virtude de sua deficiência visual. Não tinha, entretanto, o Espiritismo como uma religião a ser praticada. De qualquer forma, porém, aqueles conhecimentos me ajudaram a superar o impacto dos primeiros momentos.

Apesar de ter nascido órfão de pai, nunca me considerei um desamparado, sabendo, sempre, intuitivamente, que a providência divina estava presente. Naqueles dias, sentia a importância da Doutrina e o amparo que ela me propiciou. A bondade divina já me munira, portanto, dos instrumentos necessários para que pudesse suportar as provações que se seguiriam. No Rio, com os recursos trazidos de Manaus, passei quase dois anos em tratamento, repouso e recuperação. Fiz contatos diversos com os órgãos de Saúde do Estado, buscando integrar-me na área de tratamento especializado, onde nada consegui, correndo até o risco de ser enviado de volta para Manaus, pois alegavam que não tinha, ainda, cinco anos de residência aqui.

Por essa razão, desliguei-me dos recursos oficiais, prosseguindo meu tratamento na área particular, com o auxílio de uma enfermeira amiga, dona Maria. Ligada a um médico especialista em hanseníase, ela pôde me orientar quanto ao tratamento.

Meu estado de saúde não me impedia de trabalhar e conviver com os demais. Os recursos trazidos tinham terminado; vi-me forçado a procurar emprego. Os conhecimentos adquiridos no serviço público, em Manaus, possibilitaram, em novembro de 1946, minha colocação numa firma comercial para realizar trabalhos referentes à estatística.

Já estava no terceiro emprego quando foi solicitada a apresentação de Carteira de Saúde. Tentei contornar o problema, sem êxito. E aquilo que, inicialmente, me pareceu um desastre, foi, na realidade o início do meu tratamento sério, à base de sulfona, custeado pelo IAPC. Apesar do tratamento, meu estado se agravou, resultando na minha internação no Hospital Colônia de Curupaiti, em 24 de julho de 1954.

Os primeiros sintomas no pé esquerdo voltaram a se manifestar, seguidos de ferimentos, resultando na necessidade de amputação. Em 1956, ingressei nos trabalhos do Centro Espírita Filhos de Deus e, então, passei a sentir a Doutrina em sua plenitude. A doença, com todo o seu cortejo de dores e sofrimentos, deixou de ter aquele significado de tragédia, do primeiro impacto. Passei a compreender o seu verdadeiro sentido de instrumento para a minha recuperação espiritual. Senti a futilidade daqueles planos de ocupar o cargo de prefeito e de todo comportamento que visava a me encaminhar para uma posição – quem sabe – de destaque na vida. Tais planos certamente seriam a minha derrocada no desenvolvimento espiritual.

Amputações, deformações e outras conseqüências da doença deixaram de ser motivo de angústia e limitações para o trabalho. A Doutrina me deu forças e energias para projetar-me em função do socorro a outros mais necessitados.

E é assim que, em virtude das atividades, da leitura, dos conhecimentos, a visão se foi dilatando em função do ilimitado horizonte, a percepção do Reino, a Boa Nova... E é assim também que o preenchimento de tempo com tarefas de teor espiritual esmaeceu as veleidades e ambições da vida temporal. O espírito contém potencialidades desconhecidas, e quando as mesmas começam a ser desenvolvidas, naturalmente existindo em germes de teor transcendente, todos os aspectos da vida temporal são mais facilmente domináveis. Assim, pois, a questão sexual não veio a se constituir num problema grave, certo de que, sem estar sob o domínio da angelitude, o problema, em algumas oportunidades, se manifestou, exigindo que a razão ditasse normas. Em determinada fase da minha vida, já interno, foi muito oportuna a intervenção fraterna de uma especial amiga, Maria Paula de Carvalho, convocando-me à razão. Nas análises que faço de mim mesmo, verifico que, paralelamente, aquelas potencialidades referidas emergem, restabelecendo o domínio da razão; daí eu poder dizer que não cheguei a ser envolvido em 'amores', mas que tenho tido muita assistência de amor de criaturas maravilhosas. Sem me considerar um ser superior, creio que medianas qualidades que tenho desenvolvido trazem sempre o influxo dos amigos espirituais, e assim amparado, a enfermidade e suas conseqüências não tiveram influência no meu comportamento emocional, uma vez que abriram-se-me os olhos e o entendimento alcançou outras latitudes e longitudes, compreendendo então a função de misericórdia da enfermidade. Assim, o trabalho é um hino que canto com bastante sentimento; é possível que não o venha executando a contento, e até o faça com algum egoísmo.

Internado em julho de 1954, em 1955 fui solicitado por Alyrio Ramos Corrêa, então secretário da Caixa Beneficente do Hospital Colônia Estadual de Curupaiti, a dar minha colaboração àquela entidade; logo a seguir, companheiros internados me fizeram secretário do Henriette Futebol Clube; entrei, assim, em atividades, e, como se não bastassem, fui procurado pelo presidente do Centro Espírita Filhos de Deus, Manoel Franco de Souza, para preencher a vaga de secretário, no afastamento de Paulo Farias Correia, que, necessitando efetuar uma visita a seus parentes, afastava-se por alguns meses; eis-me então iniciando as atividades que hoje assumiram um vulto bastante intenso. As experiências são como semeaduras e assim resultam em colheitas que fazemos. As atividades na caixa e no clube deram-me uma visão mais nítida de outros aspectos, e abriram-me o caminho para as futuras atividades no Centro. Entrando em 1956 como substituto do secretário, logo depois, no mesmo cargo, compus a diretoria do Centro, e até hoje estou no exercício deste. No transcurso do tempo, as necessidades de uns e as solicitações de outros estruturaram um serviço assistencial que na atualidade é bastante intenso, com atendimento a internados no Hospital Colônia Estadual de Curupaiti, a dependentes ou amigos destes. E, sempre que solicitados e seja possível, atendemos também a outras pessoas.

Infância e juventude transcorreram sob o signo das responsabilidades, do trabalho; por isso e pela minha própria natureza, ao aceitar o convite para participar das atividades do Centro Espírita Filhos de Deus, onde, encontrando solicitações as mais diversas, acabei por engajar-me no trabalho, uma conseqüência, um débito, uma necessidade... Não sei definir; sinto-me bem tendo o que fazer, e felizmente há sempre muito a fazer. Pois para poder obter gêneros alimentícios, cobertores, material escolar, tecido, roupas novas e usadas, medicamentos, é mister um desdobramento de atividades que implica escrever, telefonar e providenciar o recolhimento dessas coisas.

De modo geral, encontramos receptividade a nossas solicitações, e assim sempre é possível atender aos que se apresentam como peticionários; senão como desejam, como temos possibilidades. Somos daqueles que vêm encontrando cooperadores da obra do Cristo, seareiros que se empenham, e, por isso, o nosso modo de ver e de encarar o futuro é bastante positivo.

As atividades assistenciais do Centro Espírita Filhos de Deus, que agora assumiram um vulto bem grande, tiveram início reduzido: o atendimento com medicamento, um sabonete, um pacotinho de biscoito, uma peça de roupa usada... E foi crescendo, crescendo. Atualmente atendemos com a oferta de enxovais para recém-nascidos e atendimento com o leite para nutrizes, material escolar, e necessitamos, no mínimo, de 1.200 cadernos e canetas, lápis, borrachas, réguas etc. Na época em que a temperatura cai, eis-nos empenhados na oferta de cobertores. Mensalmente assistimos às pessoas com gêneros alimentícios; a Farmácia Bezerra de Menezes tem também grande movimentação.

No Natal ofertamos roupas novas para mais de 1.600 crianças com idade de um a 12 anos; neste número incluímos a participação a algumas entidades co-irmãs. Para poder oferecer essa assistência, precisamos estar sempre em atividade, quer seja escrevendo, quer telefonando; e como a misericórdia divina toca os corações, vimos encontrando receptividade às solicitações.

A todas as pessoas amigas, tenho confessado que não considero a minha vida rica. Deve ser pobreza minha. Dentro de mim explodem sentimentos de gratidão à vida, que acho bela; entretanto, não encontro o modo de exteriorizar tudo quanto dentro de mim se agita. Meu desejo sincero é que todos os que se encontram, agora, aqui, neste planeta que nos agasalha, possam sentir a beleza da vida que canta e pulsa nas mínimas coisas; é a bondade, o amor do Pai Infinito a se manifestar. E como mensagem fica o meu alerta, a minha exortação, a que se considerem uma ovelha no redil do Senhor; ovelha que Ele ama, que luta para não perder; que retira da beira do abismo e conduz, carinhoso, para o aprisco; que possam, pois, sentir-se sempre amparados, tutelados pelo Amigo incondicional. Atentem para as dificuldades, tendo-as como meros incidentes naturais, guardando intrínseca a mensagem da fé, da esperança. Observem que a vida não é uma incógnita, porém, sim, uma certeza; que possamos mirar-nos no espelho daqueles que sofridos, provados, têm dado testemunhos de confiança e de submissão ao Senhor."

CENTRO ESPÍRITA FILHOS DE DEUS*
RUA GODOFREDO VIANA, 64, CEP 22730-020,
RIO DE JANEIRO, TELEFONE (0XX21) 3413-9866.
CAIXA POSTAL 55.076.

* Fundado em 1948, o Centro Espírita Filhos de Deus funciona nas dependências do Hospital Colônia de Curupaiti, que atualmente se chama Instituto Estadual de Dermatologia Sanitária. (N.E.)

A mãe dos órfãos

Ruth Sant'Anna, professora primária, presidente da Casa de Lázaro[*] *e do Colégio Ruth Sant'Anna, é uma mulher dinâmica, entusiasta, com uma vida tão movimentada que este livro seria pequeno para contar a existência admirável dessa criatura ávida por estar presente em todos os movimentos que elevam a natureza humana.*

Em 1950, recebeu a Medalha de Honra ao Mérito pela Standard Oil, entregue pelo jornalista e radialista César Ladeira, e colocada no peito por sua filha Eunice, acompanhada das seguintes palavras: "Mãezinha, dizem que a orfandade torna a criança infeliz. Entretanto, nós, abrigados da Casa de Lázaro, somos o testemunho vivo de que não é bem assim. Eu sou feliz. E hoje tenho a ventura de colocar esta medalha no peito de nossa querida mãe Ruth, que nos dá exemplos de trabalho, de perseverança e muito carinho.

---

* Ou Educandário Social de Assistência e Amparo à Criança: casa idealizada por Ruth Sant'Anna e fundada em 1938 no Rio de Janeiro. (N.E.)

Receba-a e, mais tarde, quando você estiver velhinha... e mais cansada ainda, há de contemplá-la com felicidade, revivendo os instantes desta noite memorável, quando meu afeto expressa o afeto de todas as suas filhas".

Mais tarde, o presidente Jânio Quadros, em solenidade no Centro Paulista, colocou em seu peito a Medalha de Caxias, destinada às pessoas que melhor prestaram serviços à causa do menor.

Em 1964, o Juiz de Menores Alberto Augusto Cavalcanti de Gusmão colocou-lhe no peito a Medalha Mello Mattos, por ocasião do centenário do inesquecível juiz Mello Mattos.

Em 1966, foi homenageada pela Academia Guanabarina de Letras, quando recebeu outra medalha, entregue pela grande jornalista Ecilda Clark.

Em 1969, foi novamente homenageada, pelo Centro de Cultura Feminista do Paraná. E, finalmente, recebeu da Étoile Civique, em 1970, uma medalha e um lindo diploma que a França lhe enviou. Admirável gesto daquele povo, premiando brasileiros que trabalham em benefício da infância desvalida.

Em 1975, o querido deputado Átila Nunes quis lhe oferecer, na Assembléia Legislativa, um diploma de Cidadã Benemérita. Ruth Sant'Anna pediu ao deputado amigo que lhe perdoasse a ausência, visto que se sentia mal, muito emocionada, com essas homenagens. Assim aconteceu das outras vezes. E mesmo porque não se considera ela, Ruth Sant'Anna, benemérita; apenas cumpria com seu dever de mulher espírita.

"Quem não conhece Ruth Sant'Anna?

Alma transbordante de amor, que nasceu para se doar, vive na permanente dedicação às criancinhas desvalidas.

É mãe de centenas delas, sem jamais ter concebido. Excelente orientadora espiritual e intelectual, pois é professora consagrada.

Apresentamos o resumo de um depoimento de sua vida, rica de nobres e dolorosas experiências, muitas vezes entrelaçadas por momentos de alegria, pelo amor e carinho que recebe de suas filhas.

Ruth é a dama da caridade; a mãe protetora da infância sem calor humano.

Eu mesma tenho sido alvo de sua ternura, e é com maior alegria que mostro aqui uma expressiva parcela de sua vida.

Deus abençoe nossa querida Ruth Sant'Anna, símbolo de fé, tenacidade e amor.

Ruth Sant'Anna já nasceu enferma, crente no Espiritismo e inclinada a cuidar de crianças. Tanto assim que começou a criar um irmão aos sete anos.

Enferma do tórax e do aparelho digestivo, pouco se alimentava, como até hoje, e com repetidas hemoptises. Os médicos lutaram para descobrir a razão da perda de tanto sangue. Só atribuíram aos pulmões e julgavam-na tuberculosa. Essas hemoptises, que na realidade não provaram tratar-se de tuberculose, perduraram até a fundação da Casa de Lázaro.

Na exuberância de sua mocidade, quando foi impedida de desenvolver sua mediunidade, teve uma enfermidade infecciosa que a deixou prejudicada da visão, sem um fio de cabelo e paralítica.

Quando o médico afirmou que ela não andaria mais, teria que permanecer em cadeira de rodas, onde esteve por algum tempo, ela disse que andaria, porque tinha um compromisso com Deus e com ela mesma de criar crianças pobres, sem lar.

Na manhã do dia seguinte, alta madrugada, uma entidade vestida de branco aproximou-se de seu leito e lhe disse: 'Ruth, use, para o cabelo, óleo de rícino, querosene e salicilato de metila'. O médico, também, quando salientou a necessidade de locomover-se na cadeira de rodas, sugeriu o uso de peruca. O cabelo não nasceria mais. Preparado o medicamento e usado com fé, o cabelo nasceu, em abundância.

Dez dias após a entrada na Casa de Lázaro, para defender uma menina, caiu do alto da escada e fraturou o tornozelo de tal forma que o pé ficou pendurado e os médicos queriam amputá-lo. Novamente Ruth reagiu, dizendo que tinha a tal tarefa, que já estava realizando.

Foi então colocado um aparelho e, dez dias depois, o gesso. Ruth, não dispondo de quase nenhum funcionário, fiscalizava a Casa, arrastando-se com as duas mãos no chão, porque com o gesso não havia posição na cadeira de rodas.

Em 1931, submeteu-se a uma operação no aparelho digestivo, ocasião em que quase desencarnou, como aconteceu com a outra enfermidade, tendo entrado em estado de coma.

Em 1972, dirigou-se a um laboratório, em busca de um medicamento para sua filha cega, e tão atribulada ia, solucionando problemas, que foi atropelada por um automóvel, fraturando a cabeça, perna e sofrendo duas fraturas de bacia. Sempre doente, internando-se de quando em vez, e com médicos a aconselharem-na a deixar a Casa de Lázaro, ela lamentava os acidentes não pelo sofrimento, mas porque não poderia trabalhar e as filhas eram muitas.

Hoje, 20 de suas filhas já se casaram e ela tem 53 netos.

Em 1973, com 78 anos, foi operada das amígdalas e, pouco tempo depois, caiu em casa e fraturou o fêmur. Nova internação. Em cadeira de rodas, viajava para Brasília, em defesa da verba para solucionar a situação financeira da Casa de Lázaro; e todos os anos retornou a Brasília. Ia de cadeira de rodas, do aeroporto até o avião; o mesmo fazendo de Brasília a São Paulo, onde ia tomar parte no programa do Sílvio Santos, lutando pelas necessidades e os interesses de suas filhas, o que fez durante longo tempo. Sempre trabalhando.

Dez dias após deixar a cadeira de rodas, fraturou a rótula da outra perna. Novamente cadeira de rodas e mesma função: viajar para atender à Casa de Lázaro, razão de seu viver. Aos 82 anos, com uma chapa e quatro parafusos na perna direita, uma *angina pectoris* e um enfisema, continua seu trabalho, atendendo a 210 crianças."

Fé e perseverança

"Eu tinha sete anos de idade quando meus pais se separaram. Minha mãe, irmã e eu voltamos a Leopoldina, nossa terra, onde, com muito sacrifício, renúncia e fé em Deus, minha mãe conseguiu educar-nos. Sua fé era inabalável e eu a assimilei.

Essa fé, porém, não aconteceu como milagre. Minha mãe fez a semeadura; minhas educadoras católicas, entre as quais duas tias freiras, colocaram o adubo de princípios cristãos, e a primeira plantinha irrompeu do solo por intermédio das mãos da madre Olga. Mas se hoje minha fé é perceptível, devo-a à autora deste livro, Cenyra, que, dando testemunho de seus sentimentos e das lições que divulga, estendeu-me fraternalmente a mão, ouviu minhas palavras de fraqueza e, na hora do apelo, respondeu presente.

Madre Olga dizia que o sofrimento é o sal da vida. Cenyra ensinou-me que é burilamento também.

Aos 18 anos, casei-me com um homem que podia considerar rico, em relação à minha pobreza de filha de costureira.

Durante oito anos, vivi acreditando-me amada. Compramos nossa casa, tal como a idealizei, com jardim. Algumas vezes trocamos de carro, e nossos filhos viviam com bastante conforto.

Quando meu caçulinha nasceu, e eu ainda estava de resguardo, meu marido deixou-nos.

Não posso descrever em palavras o sofrimento por que passei. Eu não trabalhava e a pensão alimentícia levou oito meses para ser fixada. Sentia-me, física e mentalmente, em completa prostração.

Fui obrigada a dispensar minhas empregadas e a babá, cuidar dos três filhos, lavar, passar, vender objetos que me eram caros, mesmo os mais necessários para o uso diário, e ainda sofrendo por amor. Tudo isso foi como uma avalanche de chumbo que quase não suportei.

Chorar para aliviar? Era impossível. Meus dois filhos maiores sofreriam inutilmente, já que a ausência do pai, que sempre foi muito dedicado, impedia-lhes até o sono tranquilo.

Entrei num processo de autodestruição. Passei 40 noites sem dormir. Minha irmã e meu cunhado temiam pela minha saúde. Remédios não me faltaram. Carinho e dose dupla de aprendizado na fé em Deus venceram a minha morte física e mental.

O primeiro sintoma de que eu já estava reagindo foi quando tomei a decisão de trabalhar.

Verdadeira piada. Sem curso superior, sem experiência, e com o preconceito que existia em Belo Horizonte, onde residi enquanto durou meu casamento, qualquer tentativa de enfrentar as dificuldades do trabalho era quase vã.

Meu pai 'apareceu' em Belo Horizonte e convidou-me para tentar a vida aqui no Rio. Vim para esta cidade com três filhos, e Cr$ 125,00 na bolsa, com o compromisso moral de responsabilizar-me por minha subsistência, pois meu pai não tinha condição econômica para manter uma segunda família.

Força de vontade, perseverança e fé em Deus, sem limites, foram as forças que me conduziram à luta e me preservaram.

Em 40 dias estava empregada. Com seis meses de estada aqui, meu pai achou que eu já tinha condições de ter meu próprio lar. Estipulou uma data para retirar-me de sua casa, e isso matou-me mais um pouco.

Hoje agradeço tudo o que aconteceu. Se ele não tivesse sido tão desumano, eu não teria coragem para tomar essa decisão.

Conheci Cenyra, e ela, por meio de seus amigos espíritas e espiritualistas, ajudou-me muito, e senti-me amparada moral, material e espiritualmente.

Minha fé cresceu mais. Punha fermento no meu ordenado e em minha coragem. Quem me conhece e sabe de toda a verdade, custa a acreditar.

Mudei-me para uma casa num subúrbio distante, uma casa sem móveis, e sem ter um litro de leite para meus filhos.

Começaram a surgir latas de leite e pacotes de macarrão e outros alimentos de primeira necessidade, que eram colocados no chão da cozinha e ao lado do fogão. Tudo isto feito com amor, sem ostentação.

A futura sogra de uma amiga do trabalho presenteou-me com três camas e colchões; uma amiga da Cenyra, com uma geladeira e outros objetos; outra amiga, com um armário de cozinha. Tudo isto me foi entregue em minha casa. Detalhe: ninguém me conhecia pessoalmente. Só sabiam que o donativo era para uma mulher que tinha três filhos e queria educá-los honestamente.

Nesse depoimento, infelizmente não posso mencionar o nome de um amigo, daqueles que só Deus pode enviar. Ele conseguiu-me, com um terceiro ou quarto amigo, móveis de sala de jantar. Morava próximo à minha casa e apanhava-me de carro, para o trabalho. O dinheiro não dava para a condução. Trabalhei com sapato emprestado, e ainda hoje eu e meus filhos vestimos e calçamos, muitas vezes, o que ganhamos.

Esse amigo (Amigo com letra grande, sem segundas intenções) incentivava-me a não estagnar profissionalmente. Acreditava tanto na minha capacidade intelectual que me convenceu a mudar de emprego, com ordenado melhor.

No ano de 1976, mudei mais três vezes de emprego, e consegui o que economicamente é impossível: em dez meses dobrei meu ordenado. Sem fazer apelação ou charme.

Dizem que não sou das mais feias. Que se quisesse teria bens materiais e uma vida confortável. Mas eu não quero. Sincera e conscientemente sinto que não preciso desses recursos, meu caminho é o da luta, do esforço próprio.

Meu dente ainda dói; a receita do médico tem que ser adiada para o fim do mês que vem; se chove, falta lençol na cama; e o serviço de orientação profissional diz que tenho que andar mais bem-vestida. Presente de Natal para as minhas crianças são os amigos-Noel que proporcionam, e as necessidades aumentam sempre, na mesma proporção de todas as lutas que venci.

Aprendi que pedir ajuda não é humilhação, e quando aquele que ajuda vê que você não se acomoda, fica até alegre em ajudar.

Aprendi a não me preocupar com o que comerei no dia seguinte. Agradecemos, meus filhos também, o alimento de hoje.

Aprendi que a firmeza em ser honesta nos dá crédito, em todos os sentidos.

Aprendi que todas as ajudas que recebi e ainda recebo são provas que Deus me dava e me dá, por haver confiado na Sua providência. Aprendi que fé não é teoria. É prática diária.

Sei que ainda lutarei muito. Meus filhos crescem e com eles novas responsabilidades e despesas; sei que vencerei todas as dificuldades que as provas estão exigindo de mim.

Tenho 29 anos. Sinto que brigo com a vida há cem anos. Às vezes fico cansada, procuro um coração amigo, choro e descubro que estou me esquecendo de viver e de dar expressão à fé em Deus. Volto a Ele com tripla confiança. Minha vida se resume a trabalho, estudo, casa e filhos, sem nenhum tipo de alegria social ou passeios. É uma vida aparentemente sem importância.

Eu poderia levar uma vida mais fácil, sem sacrifícios, se transigisse com certos princípios, em torno dos quais procuro sempre desenvolver minha formação.

Não é por falso puritanismo que não ajo de outro modo, mas pela convicção de que os dissabores são necessários e nos ajudam a conquistar valores, que nos dão forças, coragem e certeza de que venceremos, vencendo-nos.

Vale a pena. Aprendamos ao menos a sofrer pelo amor de Deus.

Eu agradeço a Deus pela Sua assistência permanente em minha vida. Agradeço ao Sagrado Coração de Jesus e a Santa Rita de Cássia por me provarem que nem tudo está perdido na Terra, que existem criaturas generosas capazes de estender sua mão e o fazer com desinteresse e amor, aos que, como eu, necessitam de apoio material, moral e espiritual. Agradeço a essas pessoas e rogo a Jesus que as ampare em todos os momentos de suas vidas."

Eu compreendi

"Sem nenhum esforço fui a primeira aluna da classe, durante o curso primário. Tive a infância natural de uma menina comum. Não conheci a tristeza nem o temor. Levada por meu temperamento inquieto, estava sempre fazendo travessuras, equilibrando-me em escadas, realizando proezas que poderiam ocasionar acidentes fatais. Tombos de bicicleta foram inúmeros. Sempre retive bem as explicações dadas em sala de aula, e tinha interesse no que aprendia; adorava matemática, e nisso era ajudada por meu raciocínio rápido e vibrante.

Para os meus olhos infantis, meus pais eram pessoas maravilhosas, em todos os sentidos. Meu pai era um ótimo chefe de família; jamais viajava ou passava sábado ou domingo distante de casa. Era um homem sério, simpático, reservado, e adorava estar entre amigos, em ambiente alegre. Preocupava-se em nos dar o máximo de conforto e sentimento de união familiar. Não discutia à mesa, e nesses momentos só se preocupava com coisas belas. Geralmente, aos domingos, nossos almoços familiares transcorriam alegres, embalados pelas mais belas árias de ópera.

Tudo corria normalmente até o momento em que uma mulher entrou na vida de meu pai, e ele se apaixonou tão profundamente que pensou em abandonar o lar e viver com ela.

Eu dormia em um quarto junto ao de meus pais, e, assim, noites a fio, ouvia as discussões que mantinham. Suas vozes, mesmo baixas, chegavam aos meus ouvidos, principalmente a de minha mãe. Não entendia bem o sentido de sua linguagem, mas sabia, pelo tom de sua voz, que ela procurava mostrar o erro que ele iria cometer.

Tudo, afinal, veio à luz, e tivemos que fazer nossa opção por um deles. Meu pai costumava tomar café no mesmo horário que eu e minhas duas irmãs, e nós, para mostrar que tomávamos o partido de mamãe, passamos a ignorá-lo. Eu via minha irmã mais velha, que era muito dócil, beijá-lo discretamente.

Um dia, papai teve um enfarte, permanecendo acamado durante uns meses. Tudo parecia haver se normalizado. A família continuou junto e esse problema foi esquecido rapidamente, como se nada houvesse acontecido.

Em junho do mesmo ano, minha irmã e eu trocamos de colégio por conveniência dela. Eu já estava no primeiro ginasial. O novo colégio era também muito bom, porém sem o rigor do anterior e por demais americanizado (no sentido de dar extrema importância à individualidade de cada um) para o sistema de educação brasileira.

Em pouco tempo tornei-me desleixada, ociosa, só pensando em brincar e divertir-me infantilmente, como se quisesse me isentar de toda a responsabilidade. Passei 'raspando' durante todo o ginasial, mas tornei-me ótima desportista.

Tinha também facilidade musical. Comecei a estudar piano aos cinco anos, por imposição; naquela época não se perguntava se se queria aprender. Quando os pais determinavam algo, os filhos limitavam-se a aceitar. Apesar de tudo eu gostava de música e os estudos correram bem, até a época da mudança de colégio, quando me fizeram estudar na hora do recreio. Algo mudara dentro de mim, de um modo totalmente inconsciente. Talvez por querer me isentar de toda responsabilidade, talvez por me tirarem uma "alegria" que era a diversão do recreio, passei a ter horror do piano, deixando-o de vez.

A desarmonia no lar marcou-me, levando-me, posteriormente, a adotar o seguinte pensamento: 'Se meu pai, que era tão perfeito e maravilhoso, para mim o maior dos homens, procedeu daquele modo, nenhum homem do mundo presta. Se o casamento de meus pais, que era 100 por cento harmonioso, não havia dado certo, qual casamento daria?'

Comecei a pensar muito nas coisas, sentindo que o processo de relacionamento exige muitas descobertas de pessoa para pessoa, que devem ser feitas no momento oportuno. Compreendi que o modo de orientar deve levar em consideração a personalidade e o potencial a ser desabrochado no educando.

Quanto à minha mãe, eu a adorava, a ponto de comer de mãos dadas com ela, na mesa, o que aborrecia meu pai.

Quando entrei na puberdade, fase em que a menina começa a se interessar pelo sexo e a senti-lo intensamente, comecei a prestar muita atenção às conversas e reações a minha volta, em torno do tema. Lembro-me de que, aos 16 anos, quando falavam sobre mulher grávida, minha mãe me mandava sair da sala.

Para minha mãe, sexo era uma vergonha, tornando-o um mistério envolto em culpas (ou pecados). Tudo o que a esse respeito aprendi foi na escola, o que concorreu para me afastar excessivamente de minha mãe, porque ela fazia aquilo e condenava. Eu via o mundo hipócrita, mentiroso; tudo para mim se tornou falso. Senti ódio. Chorava sozinha, com vergonha de sentir o que sentia. Tive ódio a ponto de perder a virgindade ainda solteira, o que, aos olhos de minha mãe, seria um grande pecado. Relembrando os fatos, creio hoje que desejava magoá-la como ela me havia magoado com todas essas decepções.

Apesar de tudo, eu era uma criatura muito alegre, mas totalmente inconseqüente. Talvez fosse minha resposta ao desapontamento que me destruiu um amor profundo.

Reconheço que minha mãe não teve essa intenção, ela só desejou proteger-nos do mundo. Seu objetivo era nos poupar de todos os males e tristezas, tudo o que fosse ruim ou pecaminoso. Não queria que nada pudesse nos magoar ou entristecer. Mamãe casara aos 17 anos. Acredito que teve muitas decepções que nos ocultou. Não a culpo.

Meu ato impensado acarretou um sério problema em minha vida. Supunha, segundo minha formação, que nenhum rapaz se casaria com uma moça que não fosse virgem; e o que eu mais desejava era um lar, uma família, filhos; enfim, casar-me.

Realizei meu sonho. Casei-me por amor aos 24 anos. Nada ocultei a meu marido, e apesar de ele me haver dito que isso não tinha importância, durante muito anos não perdia a oportunidade de relembrar-me daquilo que eu queria esquecer.

Quando meu pai faleceu, meus filhos eram pequenos (um e dois anos). Fomos morar com mamãe. Seu apartamento era enorme. Meu marido ganhava o suficiente para vivermos comodamente, sem economias, mas a nova situação nos permitia juntar algum dinheiro.

Desgraçadamente, meu quarto era pegado ao de minha mãe, e apenas uma parede nos separava. Todo o passado voltou. O sexo, a vergonha, a reprovação, o ato pecaminoso, enfim, todos os seus pontos de vista como que escritos naquela parede, que me pareceu, naquele momento, ser uma parede de papelão.

Ter relações com meu marido passou a ser detestável. Esse martírio transformou-se numa alergia que suportei por 18 anos, e que me deixou praticamente de cama durante nove anos. Fui tratada por 13 médicos. Gastei o que tinha e o que não tinha com médicos alergistas, que me encheram de remédios e de cortisona, cobrando caro por serviços inúteis, pois não sabiam que minha alergia era puramente emocional.

Não mudei logo que sofri o impacto da nova situação porque não foi possível.

Por essas e outras causas, encontrei o martírio dentro de mim, e somente quando já havia desistido de tudo é que vim a descobrir o Espiritismo, de maneira inédita e salvadora.

Hoje, tenho plena consciência de ver a vida como é e aceitá-la, aprendendo e ajustando-me à realidade.

O estudo teria me levado a uma posição melhor como ser pensante, a melhores possibilidades no campo de trabalho profissional e à elevação do meu próprio ser.

Tive chance, três vezes, de adquirir o conhecimento superior que almejava, pois, tendo sido aprovada em concursos, desistia de tudo, nada levava adiante. Eu me puni pelas coisas que fiz, por defesa ou por vingança, por desilusão ou decepção.

Eu havia desprezado meu pai, que fora bom para mim, num momento em que ele deveria estar sofrendo uma grande dor interna. Era um homem apaixonado, mas nos amava. Que situação horrível deve ter sido!

Meu pai foi meu melhor amigo. Dos 17 anos em diante, eu o sentia como companheiro paciente e bondoso, evoluído e infinitamente compreensível. Acreditava em mim. Tinha fé em mim.

Minha mãe, apesar de nossas divergências, foi quem me deu segurança, pois renunciou a tudo em favor das filhas, dando um apartamento a cada uma. Essa proteção foi importantíssima na minha vida.

Se me perguntassem se poderia ter agido de outra forma nessa seqüência de acontecimentos, que não foram de dias, mas de anos, eu responderia: 'Sim! Tudo o que fiz foi me destruir por vingança, incompreensão e revolta. Meus pais me deram tudo o que um ser humano pode dar a outro, em carinho, amor, conforto, amizade, solidariedade, segurança material, mas faltou o essencial: esqueceram-me de ensinar-me uma forma de defesa individual, que fosse minha mesmo, que eu pudesse usar quando me defrontasse com um mundo cheio de surpresas e uma imensidão de problemas que eu mesma teria que resolver'.

Eles tinham mágoas caladas e receios, padrões, preconceitos, uma carga difícil em suas mentes.

Nós tínhamos uma religião, mas eu não encontrara a fé. Acreditava em Deus, mas não O compreendia. Tanta miséria... tanta doença... tanta tristeza... e Deus? Seria ele parcial? Eu acreditava Nele como meu Criador, sem reprovações, como um fato natural da existência.

Naquela época, eu não tinha a força da fé necessária para encontrar paz nas lutas e partilhá-las com Deus. Acreditava que tudo se resolveria bem, porque Ele veria minhas aflições e me ajudaria. Misericórdia nas tragédias, compreensão nas decepções, seriam a presença de seu amor em mim.

Aprendi que não viemos ao mundo só para receber, porque isso é egoísmo. Nem para ver as coisas inutilmente, sem pensar Naquele que as criou. Nem para o mal, para o exercício da vingança, que traz como conseqüência natural o retorno do mal, para que em aflições e dores compreendamos a natureza do nosso sentir e a extensão do nosso egoísmo.

A fé que me faltou foi aquela que nos faz acreditar no bem, no bom, no amor, na proteção divina, e que nos traz como dádiva maior a esperança, que é uma força tremenda para que caminhemos, mesmo caindo e sofrendo. A fé é a mão que nos levanta.

Encontrei a minha maior força, a minha maior esperança em Jesus. Naquele Jesus meigo e bom que levou palavras de consolo aos aflitos e eu estava aflita; que deu força aos fracos – e eu estava desesperada. Ele falou de Deus Pai, que se compadece de seus filhos e da fé. Ele foi o milagre do amor. Suas palavras abrem caminhos aos que têm ouvidos para ouvir, para os que já estão surdos para os ruídos, gritos e ilusões do mundo.

No fim da estrada, encontramos a recompensa pelas dores e aflições recebidas com aceitação, humildade e confiança. Jesus sofreu como homem e amou como Deus. Ensinou-nos a amar uns aos outros; a não fazer a outros o que não queremos que nos façam; a perdoar as ofensas recebidas, como ele perdoou aos que o ofenderam e feriram.

Jesus, homem, a quem chamo de 'meu rabino, meu padre, meu pastor', perdoou a pecadora e condenou o julgamento...

Aprendi que, mesmo estando nos primeiros degraus da escada que nos conduz a Deus, escada que aos poucos se eleva no infinito da consciência, já sentimos uma alegria imensa. Alegria pelo fato de descobrirmos que a encontramos e que pouco a pouco vamos subindo, vencendo, pela luta interna, nossos defeitos tão enraizados no tempo. Vamos nos aperfeiçoando, sentindo-nos com Ele, renovados pela esperança imensa que nos é dada pela fé. O lamaçal, que ficou para trás, já não tem importância; é o passado de um 'ontem' superado. Mãos amigas nos ajudam na escalada. Sentimos nosso ser, com a intensa vibração do nosso eu interior; e em comunhão com o amor de Deus, o desejo imenso de ajudar os que tombam ao nosso lado."

Confissão

"Talvez o mais importante da minha confissão seja salientar que devemos respeitar profundamente os sentimentos e a individualidade dos seres humanos e, sobretudo, ser exemplos para nossos filhos. Não um exemplo de elevação, pois nesse aspecto não passamos de meras crianças, mas um exemplo de conduta, ensinando-lhes a agir com calma e sem egoísmo, conscientes de suas obrigações e limitações. Devemos, principalmente, demonstrar-lhes nosso amor e dedicação, a fim de que as tendências que eles trazem do passado, como almas, possam ser moldadas sem revolta e sem fugas à vida presente, uma vez que são novas personalidades, conscientizadas de seus deveres no lar e na sociedade.

Não pensem que procuro falar palavras bonitas. Meus olhos choram, meu ser está morto. Morto não no sentido de falta de ação, mas sim numa revolta dentro de mim mesma, que resultou do sentimento de tanto querer amar, mas que prejudicou tanto. Eu não sabia como resolver a situação.

Dois anos e dois meses... Eu ainda choro. Tive uma fé cega em Deus, mas ele não pôde me atender. Ingenuamente, eu não sabia que as leis de Deus não podem ser alteradas. Sofri a perda de um filho de 21 anos, amado, amigo e companheiro, que participava de minhas alegrias e tristezas, emoções e devaneios no mundo da arte. Tudo foi tão rápido, tão horrível, que não acreditei. Pensei que estivesse vivendo um pesadelo. Creio que só podemos avaliar o nosso estágio evolutivo nesses momentos.

Mas a misericórdia divina existe, e ela se fez sentir no auxílio que as amigas de convívio espiritual me trouxeram com suas presenças, preces, livros e o consolo de outras mães que haviam passado pelo que eu passava. Elas me fizeram lembrar que eu não deveria perder a confiança no Pai que dispõe dos tesouros eternos da alegria, paz e amor; e que, após a taça amarga de dores e sacrifícios que nos purificam e fazem desabrochar nossas qualidades espirituais, oferece-nos a taça da bem-aventurança.

Eu amava muito meus filhos, mas minha vida de casada foi uma luta tremenda. Nosso círculo familiar foi um local marcado para encontro de espíritos sem nenhuma afinidade. Eu estava seguindo a linha de meu destino. Como sou emotiva e sensível, os conflitos familiares deixaram-me enferma. A convivência com pessoas não compatíveis pode trazer profundos traumas.

Meus filhos foram felizes na infância, mas, quando chegaram à juventude, cada um manifestou suas próprias tendências.

Daí em diante, a pouca afinidade existente entre meu filho mais velho e o pai começou a se fazer sentir.

Meu filho era jovem, inteligente, dotado de grande sensibilidade artística, o que meu marido não aceitava, pois isso representava o meu "eu", e ele detestava esse aspecto de minha personalidade.

A pressão sofrida por meu filho o fez desviar-se de sua vida normal; e levado, talvez, por influências, recalques ou sentimento de vingança, enveredou pelo caminho do vício, fazendo uso da maconha.

A princípio, ninguém em casa desconfiou, até que meu outro filho descobriu que o irmão se entregava ao vício. Logo a pressão sobre ele começou, não amigável, mas autoritária, o que levou o rapaz a intensificar o uso da maconha.

Encaminhado a tratamento médico, foi obrigado a tomar remédios fortíssimos.

Eu achava que Deus ia me ajudar, que alguma coisa ia acontecer, e tudo voltaria ao normal; não acreditava que fosse de outra forma.

No Espiritismo encontrei minha fé, socorro, força e espírito de submissão.

Procurei a assistência de um grupo espírita em São Paulo. Ali, foi-me dito que meu filho ficaria curado por meio de vibrações. Voltei tranqüila.

Eu pertencia, então a um grupo dirigido por pessoa dotada de um forte campo vibratório; nesse grupo presenciei curas impressionantes. Tive uma fé imensa, mas imensa mesmo, nessa criatura.

Um dia, porém, meu filho saiu antes do jantar para a maldita maconha e não voltou mais. O marginal que lhe vendia os cigarros deu-lhe um tiro na cabeça.

Creio que poderão perguntar-me: "Você não perdeu a fé? Por que lhe tirou os remédios? É sua culpa ter-lhe tirado os remédios acreditando tanto na dirigente do grupo. Por que o guia não interferiu?"

Para todas as perguntas só tenho uma resposta: 'Chegou a hora dele'. Palavras tão simples, mas que traduzem um mundo de sofrimento. Ninguém tem culpa. Às vezes, penso que poderia ter-lhe dado mais de mim mesma, em tudo...

Sou uma mulher comum, vivo de modo comum, como todas as que têm uma família, e, dentro de minhas possibilidades, procuro não me desviar do caminho que me leva a Deus. Sei que Deus é justo e bom. Chorei e ainda choro, e mesmo que digam que as lágrimas criam sofrimentos aos que partem, falem isso a uma mãe! Sou humana e emotiva. Um dia, mais aperfeiçoada, com maior capacidade de equilíbrio nas emoções, unirei meus sentimentos à oração, e, com a força de minha mente sustentada em Deus, enviarei a meu filho pensamentos de paz, de amor, de amor, de saudade materna, mas não sofrida.

Meu filho foi assassinado quando eu estava fazendo uma campanha de Natal, começada um mês antes. Deus foi bom, deu-me forças para auxiliar crianças pobres, fazendo-me vencer, assim, a autopiedade, que é um punhal dilacerando a alma. Em prece pedi a Maria de Nazaré que tomasse a direção da campanha, porque eu estava abatida e triste, mas as criancinhas precisavam de auxílio. Desalentada, fiquei preenchendo rifas e comprando brinquedos. A ajuda à campanha foi crescente. A misericórdia do Alto se manifestou. Mesmo sabendo que nenhuma súplica deve ser feita como troca, fazer algo por ter recebido algo, quebrei a lealdade a Deus, de dar desinteressadamente, e pedi ao Pai que toda alegria que eu pudesse fazer uma criança sentir, meu filho sentisse também, e assim meu coração se acalmou, embora ainda chorasse.

Deus foi bom para mim porque meu filho não sofreu e compreendi que a hora dele tinha chegado. Deus foi bom para mim pelo amigos maravilhosos que me ajudaram espiritualmente.

Deus foi bom para mim por ter consentido que meu filho fosse trazido para meu grupo em espírito sete meses após o seu desencarne, amparado por dois enfermeiros do espaço, pedindo que eu parasse de chorar.

Deus foi bom para mim porque um mês antes de completar um ano de desencarne, ele retornou ao grupo, já curado e acompanhado de uma entidade de luz, e me pediu que, num dia de agosto, que ia ser muito triste para mim, eu não fosse ao cemitério, nem fizesse outra coisa que não fosse dar o máximo a quem necessitasse.

Deus foi bom para mim porque me ensinou que seguir os seus mandamentos é certo, amar é sábio, orar com o coração é divino; mas trabalhar para o bem de nosso semelhante é atingir a sublimidade... É o nosso Cristo interno em ação.

Obrigada, meu Deus."

Testemunho de fé

"Em 1969, encontrava-me com meu sistema nervoso muito abalado, bastante irritado e provocando grandes conflitos em minha família, com meus pais, irmã e avó, estendendo-se a meus parentes e amigos, a ponto de deixá-los muito preocupados.

Em 1970, o meu estado agravou-se bastante, chegando ao ponto de me deixar completamente descontrolado. Pensamentos desordenados, até de acabar com a própria vida, inquietações, passaram pela minha mente.

Quanto à falta de sossego, possuía uma aversão por vidros; não podia comer nem beber nada em pratos e copos de vidro. Quando isso acontecia, eu sentia os vidros passarem por minhas veias, achava que tinha comido junto com a comida ou a bebida. Era um sacrifício para meus pais me convencerem que não tinha comido nem bebido nada junto com vidro. Também não queria comer porque me parecia ver bichos na comida. Quando andava na rua, ficava preocupado com minha sombra, pensava que alguém iria me golpear pelas costas. Andava pelas ruas sem saber o que estava fazendo. Nem estudar conseguia, pois naquele ano havia ficado para segunda época na escola e, no dia da prova, não consegui vê-la na minha frente, tudo se embaralhou na minha visão e fui reprovado.

Minha família já não sabia mais o que fazer. Aí eu já estava sob assistência médica – neurológica e psiquiátrica. Os médicos relataram à minha mãe e meu pai que, no meu caso, seria preciso internação para fazer sonoterapia e outros tipos de tratamento. Minha família, ouvindo o diagnóstico dado pelos médicos, resolveu procurar outras maneiras de solucionar meus problemas.

O meu estado continuava se agravando, pois um dia cheguei ao ponto de vir correndo de um bairro distante até a casa de meus avós, porque uma pessoa que me viu muito branco e gelado, desconhecendo que esse era meu estado normal na época, colocou a mão sobre meu pulso e disse: 'Você só tem um minuto de vida'. Isso bastou para que eu saísse correndo dali e me dirigisse à casa de meus avós, a qual ficava a dez minutos do lugar onde encontrei o tal homem. Chegando à casa de minha avó, relatei a minha mãe o acontecido, e ela me disse: 'Ora, se você tivesse um minuto de vida, já teria morrido, pois já faz mais de dez minutos que o homem lhe disse isso'. Aí, fiquei mais tranquilo. Isso demonstra quanto se agravava a minha doença e até que ponto poderia minha família suportar essas coisas sem ter que apelar para uma internação. Para aumentar as preocupações de minha família, comecei a sentir palpitações no coração. Devido ainda ao meu sistema nervoso descontrolado, passei a ter crises que culminavam com desmaio. Nessa época tomava medicamentos fortíssimos. Para controlar minhas crises nervosas, só mesmo injeções e remédios violentos. Mesmo assim as melhoras eram passageiras.

Diante dessa situação, minha família passou a procurar outros meios além da medicina, como, por exemplo, o Espiritismo. Foi nessa época que meu pai, conversando com uma amiga, que era membro da Igreja Messiânica*, aconselhou-o a procurar a igreja e levar-me para receber *jorei***. Assim fez meu pai, indo ele primeiramente sem mim. Quando chegou em casa, contou a minha mãe sobre a igreja e convidaram-me para ir lá com eles. Como sempre, recusei; eu estava num estado tão irritante que várias vezes havia queimado coisas de casa e nas casas de meu parentes. Não queria saber de igreja, pois achava que eles queriam me enganar e me levar para o Espiritismo. Não vai aqui nenhuma critica ao Espiritismo, pois como Meishu-Sama nos ensina, todas as religiões são importantes, mas na época eu não conseguia entender essas coisas. Meu pai pediu-me que lesse as orações da igreja para que eu constatasse que não havia nada de mais. Então abri o papelzinho de oração, e vi logo o Amatsu-Morito, Pai-Nosso, oração matinal e vesperal. Nesse momento algo dentro de mim disse-me que deveria ia àquela igreja, pois lá eu iria me sentir bem. Assim fiz. Disse ao meu pai que iria com ele.

---

* Instituída no Japão em 1935 por Mokiti Okada (1882–2008), cujo nome religioso é Meishu-Sama, e introduzida no Brasil em 1955. (N.E.)
** Magnetização canalizada pela imposição de mãos. (N.E.)

Ao chegar à igreja, fiquei muito espantado, pois nunca havia visto coisa parecida. Quando sentei no banco de espera e olhei para as pessoas que estavam ministrando *jorei*, me deu vontade de ir embora dali, mas uma força maior dizia-me que deveria ficar e receber o *jorei.* Assim fiz. Depois que o recebi, não sei nem descrever o que senti; uma coisa ficou esclarecida: eu senti que ali era o meu lugar. Nesse mesmo dia, conheci uma pessoa que muito me ajudou nessa época, que foi dona Caetana, com a qual meu pai havia conversado a meu respeito. Em março de 1971, comecei a freqüentar a igreja, duas e, às vezes, três vezes por semana. Sentia-me melhor, mas os pensamentos desordenados e as cismas ainda me perseguiam, não com tanta intensidade, como antes de entrar para a Igreja; por esse motivo recebi orientação de dona Caetana: quando tivesse esses pensamentos ou quando não tivesse vontade de ir à igreja, que eu pensasse em Meishu-Sama, e Ele me ajudaria e me daria forças para ultrapassar aquelas dificuldades. Assim fiz, e realmente consegui vencer essa fase, desejando em agosto do mesmo ano iniciar minhas aulas para tornar-me membro da igreja. Foi nessa época que dona Caetana sugeriu a meus pais que também assistissem às aulas junto comigo, pois 'quem faz a cama para os filhos são os pais'. Com essa orientação entramos eu e meus pais para assistir às aulas. Nessa época só existia a igreja no Grajaú; depois soubemos que havia também em Senador Câmara. Um casal que ministrava *jorei* em casa, senhor Jorge, que hoje se encontra no reino espiritual, e dona Aurora, que está entre nós, teve muita influência na minha formação como membro da igreja. Deles recebi maiores esclarecimentos sobre jorei; ensinamentos de Meishu-Sama e sobre o objetivo de nossa igreja.

O senhor Jorge sempre, desde que me conheceu, me dizia: 'Um dia você vai ficar bom e se dedicar bastante à obra de Meishu-Sama'. E foi esse carinho e amor que recebi dessas pessoas que criaram em mim a vontade de ajudar os outros para poder também ser ajudado. Foi assim que, em novembro de 1971, juntamente com meus pais, tornei-me membro da igreja. Um mês antes, em outubro, fui acometido de uma crise de nervos fortíssima, e fui levado para o pronto-socorro, mas isso não esmoreceu a fé que tínhamos, eu e minha família; tanto que, em novembro, como já foi dito, tornamo-nos membros da igreja. Nesse dia senti fortes vibrações; parecia que havia uma outra pessoa em mim: já não era mais aquele jovem desgostoso da vida e sim alguém com muita esperança e fé naquilo que abraçara.

Mas depois que me tornei membro da igreja, comecei a ter crises amiúdes, apesar das cismas e outros problemas do sistema nervoso terem diminuído bastante; por esse motivo procurei orientação com um reverendo da igreja, ao qual relatei o meu problema e o meu desejo de somente ficar com o jorei. Ele me orientou que talvez não agüentasse, mas insisti, e realmente as coisas aconteceram conforme sua orientação e as crises aumentaram mais ainda. Apesar disso, procurei o mesmo reverendo e lhe disse que gostaria de fazer alguma coisa na igreja, além de ministrar o *jorei*. Comecei a me dedicar, juntamente com minha mãe. Nessa ocasião, minha irmã também se tornou membro e, logo após, minha tia, minha avó e minha prima. Essas crises eram semanais, depois passaram a ser mensais, nos cultos mensais. Num desses cultos, eu estava passando tão mal que chamei o reverendo e perguntei-lhe: 'Reverendo, será que vou morrer? Não agüento mais essas crises'. O reverendo respondeu: 'Oh! Passar mal, vai; morrer; não. Missão muito grande'. Naquele momento não entendi bem aquelas palavras, mas, na verdade, apesar da minha pouca idade, pois tinha apenas 15 anos naquela ocasião, comecei a receber muitas missões. À medida que as missões apareceram e que fui aumentando a minha dedicação, juntamente com minha família, as crises também foram diminuindo. Nesta fase eu e minha família encontramos grande apoio de toda a igreja, desde os membros até os ministros e reverendos. Esses últimos orientaram minha família sobre a maneira correta de encarar a minha purificação. Mas, apesar disso, eu já poderia dizer que era uma pessoa curada, pois, para quem chegou à igreja praticamente louco, com grandes perturbações mentais e espirituais, ficar apenas como uma simples crise de nervos já era uma grande bênção de Deus e de Meishu-Sama, pois a crise não impedia que eu fosse uma pessoa normal: servia à igreja, estudava corretamente e divertia-me sem maiores empecilhos, sem cismas, sem medos. Essas crises sempre apareciam quando eu me encontrava em casa ou na igreja, nunca se davam na rua, exceto uma vez, no colégio. Isso significa a mão de Deus e de Meishu-Sama e o trabalho de meus antepassados.

Hoje sou um jovem de 20 anos, completamente normal; as crises, ultimamente, não mais apareceram. Tenho muitas missões na igreja; dentre elas sou candidato a assistente de ministro. Faço, juntamente com um grupo de jovens pelo qual sou responsável, a difusão da doutrina de Meishu-Sama no bairro de Japeri. Vou prestar vestibular para a faculdade de letras. Comparando o jovem de hoje com aquele que entrou na igreja pela primeira vez, em março de 1971, parece-me que nasceu dentro daquele jovem um novo ser: foi mais um, entre os muitos que Deus e Meishu-Sama tiraram do abismo e colocaram no caminho da luz.

Por isso posso dizer que minha vida foi salva por Deus.

Encerro minhas palavras agradecendo minha família e a todos os que me ajudaram a chegar até aqui, pois sem esse apoio eu teria desistido no meio do caminho."

Renovação

Este depoimento me foi trazido pela nossa querida companheira Idalinda de Aguiar Mattos, por demais conhecida no ambiente espírita, pela sua dedicação e amor à causa que abraçou, levando a Doutrina até os presídios, onde tem, com a ajuda de Deus e dos amigos espirituais, ajudado a recuperar muitos irmãos nossos, delinqüentes certamente por ignorância espiritual.

Obrigada pela sua valiosa colaboração, querida amiga Idalinda.

Muito criança fugiu de casa. Era espancado pela madrasta. O pai não lhe dava a menor assistência.

Fora recolhido pelo Serviço de Assistência a Menores (SAM). Ali viveu até os 18 anos. Nada aprendeu. Veio para o "mundo" alheio ao que significava o bem viver. Não tinha ofício.

Nunca trabalhou. Amigos? Sim. Os amigos da criminalidade, do vício, da corrupção.

No decorrer de pouco tempo ingressara nas fileiras dos marginais. Não tinha família. Não tinha ideais elevados.

Depois de alguns assaltos sem conseqüência, praticou um com agravo de um atentado de infanticídio. Sua prisão foi em flagrante, com tiroteio entre ele e a polícia. Foi para o Hospital da Penitenciária. Ali, sofreu humilhações ante seu gesto tresloucado e covarde de tentar contra a vida de uma criança que lhe serviu de refém.

Um outro encarcerado, que também se encontrava hospitalizado, procurou confortá-lo, conduzindo-o à escola espírita que funcionava no estabelecimento. Foi o início de sua redenção. Assíduo às aulas, freqüentava com interesse a biblioteca. Aprendeu o ofício de encadernador. Estudou esperanto e fez o ginásio. Os anos se passaram. Pelo seu bom comportamento, gozava de diversas regalias. Foi convidado a lecionar, com pequena remuneração, no curso do Mobral*, para seus colegas de infortúnio.

Contraiu núpcias e continuava cumprindo sua sentença com humildade e disciplina exemplar. Foi eleito presidente da escola espírita. Conseguiu liberdade condicional após 16 anos de pena.

Sua mulher, católica, embora pouco ou quase nada saiba da Doutrina Espírita, procura acompanhá-lo para o estimular e

* O Movimento Brasileiro de Alfabetização (Mobral) foi um programa de alfabetização funcional de jovens e adultos do governo que vigorou de 1969 a 1985. (N.E.)

prestigiar. Vai, periodicamente, ao leprosário. Participa de caravanas de espíritas a vários lugares. Freqüenta o centro espírita no local onde residem.

Conseguiu bom emprego; procurou o pai, que concorreu para sua desgraça, não só pelo abandono na infância e na adolescência, mas também porque nem uma vez sequer o foi visitar no presídio. Perdoou também a madrasta, e está vivendo feliz porque superou o passado desditoso, confiante no futuro que o aguarda.

Seu lema é ser útil ao semelhante. Adora crianças; agora é pai e procura criar seu filho dentro dos princípios cristãos para proporcionar-lhe um futuro digno e feliz.

Cartas de um presidiário

Existem ainda almas generosas, capazes de desprendimento e amor tão belos que se esquecem de si para servir ao seu próximo em aflição. A prova está nessa correspondência mantida entre uma senhora de destacada qualificação social, atendendo ao apelo feito por um presidiário por meio de uma carta. Não só respondeu atendendo ao apelo feito, como continuou mantendo correspondência, que, imagino, é a de uma mãe muito compreensiva para com seu filho que se desviou do caminho. Acompanhem, pela datas das cartas, as transformações sofridas por esse presidiário no seu comportamento, do homem revoltado e herege à criatura paciente e, finalmente, ao cristão consciente que se tornou.

Pelas respostas das cartas dele, podemos avaliar a força de amor materno que essa missivista usava para conseguir tal transformação numa alma até então completamente sem Deus.

Ele hoje está em liberdade e certamente trabalhando, realizando-se honestamente, como era de seu desejo, graças ao estímulo e ajuda de sua protetora.
Esta senhora é minha grande amiga e faço a publicação das cartas com seu pleno consentimento.
Que Deus abençoe essa alma generosa, e que outras criaturas, mirando-se nesse espelho, também encontrem formas tão bonitas de ajudar seu semelhante.
Obrigada, amiga.

Como se pode reanimar e recuperar um preso.

Estas cartas são autênticas. Trata-se de um caso real.

As três primeiras são copiadas na íntegra, e, das seguintes, focalizamos apenas trechos salteados, devido à extensão das missivas.

[Presídio da capital de um dos maiores Estados do Brasil.]

"Presídio
20-12-1957
Senhora A.D.S.
É noite alta. Em torno de mim, há silêncio e mistério.
Todos dormem ou fingem que dormem, como eu ainda há pouco. Estou debruçado sobre meus joelhos, à luz de uma vela que mal ilumina o meu cantinho triste e solitário onde lhe escrevo esta carta em papel de caderno, indigna de sua mãos, mas que leva um pedaço da minha alma e do meu futuro.

Este é um apelo, um apelo urgente.

Estou preso por incurso num delito contra o patrimônio: estelionato – compras. Não tenho advogado mas devo fazer minha própria defesa, o que farei melhor se tiver uma ajudazinha.

Sim ou não, por favor: Não me deixe sem resposta, se possível. Tudo aqui é muito triste.

Necessito de uma jurisprudência. O volume do Código Penal, que se refere aos delitos contra o patrimônio, em acórdão da espécie de Nelson Hungria ou de outro grande criminalista.

Com esses elementos de orientação farei, eu mesmo, a minha própria defesa.

Sou moço, ainda: 36 anos de idade. Em outros tempos freqüentei a terceira série da Faculdade de Direito.

Bem, senhora A.D.S., permita-me desejar-lhe Boas Festas e Feliz 1958. Queira perdoar este intruso que ousou quebrar a paz e a tranqüilidade de Vossa Senhoria por alguns instantes com o seu drama, digo com o drama de

A.N."

*

"Presídio

24-1-1958

Senhora A.D.S.

Recebi, há pouco, sua bela resposta. Suas palavras me causaram lágrimas que inundaram meus olhos, deslumbrados por esta estranha e até então desconhecida bondade.

Respondo-lhe em seguida, à hora do pôr-do-sol, quando a tarde triste dá lugar à noite escura, quando mais cresce o medo de ficarmos paralisados e hostilizados pelo mundo. Neste instante, pois, me chegou às mãos uma carta, seu poema de fé e de bondade, que agradeço comovido.
Suas palavras quase me fizeram reconciliar-me com Deus.
A senhora, crente sincera, lembrar-se-á de mim em suas orações. Orações que deveriam ser feitas por este seu correspondente herege, que já não sabe orar nem crer.
As razões da minha queda estão na minha própria fraqueza intelectual e falta de experiência. Mas aqui, agora, as horas de frio, de solidão, de humilhação hão de me ensinar a viver melhor.
'Vitorioso é o homem que vence a si mesmo', já o disse alguém. Não será este um grito de ação material, constante?
Ou caberá à crença, a fé inabalável na força dessa mesma fé?... Não sei.
Só sei que a senhora dever ter vindo ao mundo numa nuvem muito pura...
Meu espírito anda conturbado. Nuvens escuras me envolvem e não me permitem ver nem entender melhor.
Há pouco, o Tribunal de Justiça negou o meu recurso em grau de apelação. Agora, eu mesmo farei minha revisão dando entrada até fevereiro.
Sou culpado. Criminoso, não.
Meu crime foi de tentativa, não chegou a ser fraude efetivada, entende?

Mas o seu correspondente está sendo demasiado longo e lúgubre. Perdoe-me.
Com o maior respeito e admiração
A.N."

*

"Presídio
10-2-1958
Senhora A.D.S.
Recebi sua segunda carta, e senti quão pequeno e miserável sou escrevendo à senhora (que é casada, mãe de quatro filhos lindos, tão cheia de afazeres, por certo) para lhe pedir encomenda (o livro de Nelson Hungria) que tão gentilmente me mandou.
Perdoe-me, mas eu estava tão desorientado, tão só e sofrido. Um colega me deu o seu endereço e eu arrisquei...
O Tribunal de Apelação negara meu recurso e isso me deu a impressão de que me achava em trevas e de que o mundo fugia a meus pés. Tive medo. Pensei enlouquecer.
A solidão prolongada é enervante, mormente se é acrescida de nostalgia. 'Só a fé num ser superior nos dá forças', mas eu não tinha essa fé... Sinto, percebo e desejo isso, mas não me acho digno de pedir ou merecer qualquer ajuda de Deus a Quem nunca prestei louvores e cujos mandamentos não cumpri corretamente.
Há muita poeira do mundo e dos homens em meu espírito e no meu coração. A descrença total quase tomou conta de mim.

Quanto à minha revisão criminal, já dei entrada no Ministério da Justiça. Trabalhei nela com cuidado, com a ajuda do livro de Nelson Hungria, que a senhora me mandou. Não me queixo nem me queixarei da decisão dos meus juízes, embora os considere sempre rigorosos.

A senhora, sem dúvida, faz jus à vida tranqüila e feliz que tem junto de seu marido e seus quatro filhos, que, pela foto que me mandou, despertam geral admiração.

Tenho aproveitado minha permanência aqui para escrever alguns contos. Procuro mostrar as vantagens e desvantagens de alguns regulamentos inadequados à época presente. Desejo, se possível, juntar esses contos num livro e com ele conseguir minha reabilitação, uma graça providencial.

Com o maior respeito e gratidão

A.N."

*

Daqui por diante, transcreveremos apenas trechos de várias cartas. Colocaremos as datas para que possamos acompanhar o seguimento natural do caso.

*

"Presídio

3-1958

Senhora A.D.S.

Tomo a liberdade de lhe escrever para solicitar, mais uma vez, os seus bons ofícios.

Desejo que me inscreva num curso de jornalismo por correspondência. Trata-se de um curso de 12 meses. O endereço lhe mando em separado.

Esse estudo representará muito para mim, na minha vida carcerária e de homem livre, amanhã. É uma bela profissão: jornalismo.

A senhora me perdoe aborrecê-la tanto, mas não tenho a quem recorrer, além da senhora, que se tem revelado tão bondosa.

Preciso fugir à monotonia da prisão. Dormir, acordar, dormir, acordar. Tenho sofrido demais.

Desejo uma vida intensa, útil, para que possa aproveitar meu sofrimento e experiência num mister que amenize minha horas de solidão e abandono.

Sim, a religião é um grande consolo na prisão. Mas a prática da religião tal como ensinou Jesus Cristo não é fácil para mim. Requer renúncia e estou cheio de pecados e vaidade que, bem aos poucos, vão se diluindo ante a verdade que sinto ser Verdade-Deus. Mas quero essa verdade ampla e segura. E isso causa mais sofrimento para os que, como eu, não têm consciência certa de Deus. Sou insatisfeito, revoltado, inquieto... A fé, simples e pura, ainda não me convenceu. Daí a tortura do meu espírito.

Sinto que tudo o que a senhora me tem escrito é verdade, é belo, é tranqüilizante, mas se disso não estou participando, ou não participei até hoje, é que inclinei meu espírito para a análise à luz fria da razão e isso sei que tem sido a minha ruína."

*

"Presídio
11-5-58
Li sua carta com grande alegria! Imagine, eu ser 'colega' da senhora no curso de jornalismo por correspondência!...
É uma honra que muito me desvanece e que estava muito além das minhas previsões. A senhora já é uma escritora. Vejo em suas cartas que tem grande facilidade de redação, estilo próprio, serenidade e um grande senso de penetração em todos os assuntos. Compreende e explica bem todos os problemas aflitivos da alma.
Quanto à minha situação processual creio que deverá demorar quatro ou cinco meses. O Tribunal está sobrecarregado de serviço..."

*

"Presídio
15-6-1958
Hoje, pela manhã, recebi do Instituto uma carta com a minha matrícula do curso de jornalismo.
Acho que é demais a senhora custear meus estudos. Aceito o seu oferecimento mas como 'empréstimo'. Anote tudo. Estou na obrigação de lhe pagar mais tarde, isto é, logo que eu esteja em liberdade. Quando será isso?
Quero ser bom, ser gente, ser humano acima das leis humanas.
Como eu seria feliz se pudesse 'saber' as causas que me fizeram agir mal e fracassar na vida."

*

"Presídio
15-8-1958
Recebi o rádio La Salle que a senhora me mandou. Fui avisado de que já se encontra na portaria, aguardando regulamentação.
Meu sincero muito obrigado pelo presente que muito me comoveu. Não esquecerei jamais esse seu gesto!"

*

"Presídio
20-8-1958
Recebi, no dia 16, às 7 horas da manhã, o seu telegrama de felicitações pelo meu aniversário.
Foi o único cumprimento que recebi. Sensibilizou-me extremamente. Obrigado."

*

"Presídio
4-10-58
Minha bondosa madrinha, permita que eu a trate assim.
A senhora com seus conselhos, com suas luzes, com sua experiência de observação da vida, me levou para o outro lado da existência: para o lado certo.
Resultado da terceira prova de jornalismo recebida ontem: nota dez. Observações: atuais e ótimos *leads*.
E os seus estudos? Como vão, cara 'colega'. Está se saindo brilhantemente, com certeza."

*

"Presídio
29-10-58
O presídio onde estou continua superlotado.
Raros são os presos que trabalham. Estou com sorte, presto serviços na secretaria como auxiliar de contabilidade.
Só o trabalho regenera o homem.
A prisão já não me faz sofrer tanto. Não me submeti simples e completamente. Conformei-me, apenas. Graças a Deus e à senhora ganhei luzes e forças para sobrepujar as misérias da Terra e dos homens. Hoje já não sofro tanto, e o mundo aí de fora me é qualquer coisa de estranho. Ausentei-me completamente dele. Ignoro sua marcha. Voltei-me para mim mesmo. Egocentrismo, mas no sentido de aperfeiçoamento e reexame.
Não são os presos ricos os mais amparados, mas sim os que têm mãe. As mães merecem um hino de glória! Nunca, de um modo geral, abandonam os filhos. Dão-lhes amparo na hora da amargura."

*

"Presídio
6-11-58
Querida madrinha, recebi o livro *Imitação de Cristo** que a senhora me mandou. Sinto-me reanimado, fortalecido. Como poderei retribuir tanta bondade e dedicação?

---

* Compilação de textos medievais de autoria controversa, comumente atribuída a Tomás de Kempis (1380–1471). (N.E.)

Suporto minhas provações com toda a coragem, porque agora sei que as dificuldades nos são apresentadas para que sejam vencidas.
Deus é sábio e justo. Sabe o que deve dar a cada um de seus filhos. Quanto à minha situação processual, continua em diligências. Mas eu aguardo o resultado, serenamente, sem a revolta de outrora."

*

"Presídio
6-11-1959
Resultado da minha revisão: foi anulado o processo para que outro se faça, obedecidas as formalidades legais e sem prejuízo da preventiva.
Isso quer dizer que devo permanecer preso até ao final do novo processo. O que vale é que já aprendi a ter paciência.
Recebi a última prova do curso de jornalismo por correspondência. Dentro em breve me será entregue o certificado de conclusão. Agradeço à senhora a oportunidade que me deu de cumprir e terminar este excelente curso.
Deus lhe pague. Espero vir a fazer jus à confiança em mim depositada. Sou-lhe eternamente reconhecido, madrinha!
Um escravo!"

*

"Presídio
1-1-60
Na tarde de ontem chegou o meu certificado do curso de jornalismo. Final: nota nove. O senhor secretário foi mostrá-lo ao diretor do presídio e ainda me fez a gentileza de levá-lo para averbar na Delegacia de Receitas da Secretaria da Fazenda. Não caibo dentro de mim de tanta alegria, madrinha!
Devo este certificado à senhora, a quem, mais uma vez, agradeço tudo."

*

"Presídio
21-10-60
Triste notícia: fui condenado! Três vezes. Total: seis anos. É inacreditável! Estou tonto!
Só esperando julgamento já estou preso há mais de três anos!!!..."

*

"Presídio
10-8-61
Depois de tanta luta, que a senhora tem acompanhado pelas minhas constantes cartas, tenho a lhe dizer que a minha situação processual é muito boa atualmente. Deverei ser posto em liberdade dentro em breve. O pior já passou, graças a Deus. Tive momentos duros e tristes de revolta, descrença e de indiferença. Não vislumbro um

céu azul sem nuvens. Sei que deverei usar de grande precaução. Todas as noites peço a Deus luz para trilhar o caminho do bem e da verdade e ser-Lhe útil, paciência e coragem para suportar as dificuldades e provações que não serão poucas.

Madrinha, a verdadeira obra da religião não é apenas comparecer à missa ou a qualquer cerimônia religiosa, mas sim ajudar os necessitados, muitas vezes com sacrifício de seus bens, sua posição e seu bom nome; é dar alimento a quem tem fome, roupa a quem sente frio, um conselho ou indicação do caminho ao transviado. Essa é a verdadeira religião, é a sua religião, minha madrinha, que me amparou, me trouxe das trevas para a luz, me fez sentir Deus como Ele é realmente. A senhora fez de um herege um crente. Essa é a verdadeira religião que liga a criatura ao Criador.

Deus sabe que agora desejo viver corretamente e servi-Lo e guiará meus passos, tenha certeza. Liberdade! Chegou finalmente o meu dia."

*

"Presídio

28-8-62

Cheguei há pouco do interior do Estado, onde estive em serviço de vendas da firma de que a senhora sabe. Ganho para viver. Estou bem e aguardando minha chance como jornalista, profissão que, se Deus quiser, hei de exercer.

Viajo muito e isso aumenta a minha sensação de liberdade. Não tenho dívidas e gozo de boa saúde, graças a Deus!... Madrinha, assim que puder irei ao Rio agradecer-lhe pessoalmente e conhecer seu esposo e filhos.

Aguarde.

Deus nos proteja e abençoe a todos."

Eu venci!

Vou apresentar o depoimento de um ex-alcoólatra, ex-toxicômano, ex-jogador. Ele nos dá o exemplo vivo de como os vícios são o caminho mais curto para aniquilar uma pessoa, induzindo-a à degradação, acentuando-lhe a neurose, e mesmo levando-a à loucura.

Em paralelo a esta observação, podemos constatar a admirável capacidade de recuperação do ser humano, que, uma vez aniquilado pelo vício, pode transformar-se num indivíduo sadio, ajustado e útil à sociedade.

"Vivi minha infância no Norte, onde nasci. Minha família era muito pobre.

Aos 19 anos resolvi, sozinho, tentar a vida no Rio de Janeiro. Chegando aqui, consegui entrar para a Marinha, apesar da minha pouca instrução. Trabalhei assiduamente durante três anos. Bebia, às vezes, mas não era alcoólatra. Vinha tendo, pode-se dizer, um bom comportamento. Mas a solidão e a falta de família despertaram-me as frustrações com que a dureza da vida me marcou. Vieram à tona a pobreza e a falta de ambiente e de compreensão que eu sofri desde pequeno. Sentia-me abandonado, sem ter para quem apelar. Foi quando, inexperiente, misturei-me a maus elementos. Comecei a entregar-me à bebida, e fui perdendo a noção do certo e do errado. Não muito tempo depois já tinha me tornado um bêbado inveterado e maconheiro. Lembro-me de só ter conseguido não beber durante três dias, quando estive visitando minha mãe em uma das viagens que fiz. Tinha ainda algum domínio sobre mim. Mal saí da casa de minha mãe, embriaguei-me no primeiro botequim que encontrei, e fui para o navio em péssimo estado.

Levava uma vida desregrada, saía com mulheres do cais do porto, enfim, o meio onde eu me encontrava era o pior possível.

Levando esse tipo de vida e faltando freqüentemente ao serviço, fui desligado da corporação.

Passei a viver de biscates, jogo, além de revender objetos roubados por outros. Todo dinheiro que ganhava, gastava em vícios.

Não tinha mais condições para pagar o quarto em que vivia. Passei a dormir nas ruas. Não era mais que um mendigo, um verdadeiro trapo humano. A essa altura, os vícios transformaram-me num neurótico, de temperamento explosivo; apanhar e bater eram uma constante para mim. Atrevido, brigão, eu vivia constantemente metido em confusões. Quando drogado, chegava a ponto de atear fogo nos jornais que cobriam os mendigos que dormiam ao relento. Ficava me divertindo, vendo o desespero dos pobres coitados debatendo-se em chamas!

Pessoas generosas, vendo-me assim jogado na sarjeta como um trapo, penalizadas, levaram-me a lugares onde se praticava a caridade. Fui levado a hospitais, visto por psiquiatras, mas pouco adiantou. Eu não tinha noção do estado em que estava; por isso, não lutava, não desejava nada. Para mim estava tudo bem assim mesmo. E ninguém pode ajudar a quem não quer ser ajudado.

Foram mais de dez anos nesse tipo de vida, até que uma alma caridosa fez nova tentativa de me ajudar. Levou-me à organização Alcoólicos Anônimos* (A.A.). Relutei muito em ir, e foi a custo que ele me fez chegar até lá. Fui recebido com naturalidade. Descarreguei o meu peso de má-criação (hoje reconheço), mas ninguém se escandalizou. Fui outras vezes apenas por insistência desse amigo. Comportava-me de modo irreverente. Tinha rompantes de valentia e quase nunca ficava até o fim das reuniões. Durante algum tempo agi desse modo. Mas o fato é que o pouco que ouvia nas reuniões foi me tornando menos agressivo e com força para diminuir a bebida. Gradualmente, fui me habituando à organização porque me aceitavam como eu era.

---

* Entidade fundada em 1935 nos Estados Unidos e representada em todos os continentes. Telefone (0xx11) 3315-9333. (N.E.)

Terminei por libertar-me do vício do alcoolismo, diminuindo em proporções enormes as doses e o número de vezes que eu bebia.

Da maconha, porém, não havia me libertado. Andava com aparência descuidada, vivendo ainda de biscates e jogo.

Comia quando ganhava dinheiro no jogo ou quando me davam. No entanto, agora, liberto do vício da bebida, quando não drogado, já me interessava pela vida e desejava corrigir-me, além de abandonar o terrível vício da maconha.

Estava nessa situação quando outro amigo levou-me à organização Neuróticos Anônimos (N/A). Embora já manifestasse algum interesse em curar-me, mas, intoxicado pela droga, ainda era muito agressivo e neurótico declarado.

Contrariando a minha expectativa, o primeiro contato com a organização foi agradável. Senti-me envolto em clima de compreensão pelos que ali se achavam. Passei a freqüentar as reuniões. Comecei a ler as apostilas de literatura que a organização me dava, e a fazer a Prece da Serenidade, antes e depois das reuniões, repetindo com os demais companheiros as palavras da prece.

Com esse convívio salutar nos N/A, e pela solidariedade que sentia, alguma coisa de bom despontou em mim. Comecei a ter esperanças de me curar. Era como se o poder superior tivesse aberto as portas para mim.

Lembro-me de que ainda como biscateiro fui à casa de um companheiro do grupo pedir dinheiro emprestado. Ele me disse: 'Procure se arrumar, rapaz. Arranje um emprego com salário fixo e deixe isso de biscateiro, que é mais cômodo, mas incerto.'

Confesso que ao ouvi-lo com essa franqueza senti certa revolta. Mas saí dali disposto a arranjar um emprego e consegui.

Depois de várias tentativas sem sucesso para deixar definitivamente o vício – às vezes a tentação era maior e eu cedia –, acabei por vencer as fraquezas. Eu queria vencer e venci. Agora tinha amigos, tinha motivação para viver.

Casei-me aos 39 anos e hoje tenho dois filhos. Resolvi estudar no Senai, onde estou me preparando para o ginásio. Depois, pretendo especializar-me na minha profissão.

Hoje, graças ao poder superior, aos generosos amigos e a minha própria vontade de curar-me, estou recuperado. Trabalho, estudo, não ganho muito, mas vivo tranqüilo com minha família.

A gratidão que sinto por essa irmandade (N/A) não tem limites. Estou trabalhando nela há quatro anos e já cheguei a ser coordenador. Freqüento também o A.A. (Alcoólicos Anônimos), por gratidão e para dar o meu depoimento aos que estão chegando lá como eu cheguei, para provar-lhes que é possível a recuperação, por mais degradante que seja o estado em que nos encontremos.

Devo muito a essas organizações.

Hoje, quando deparo com uma criatura atirada à sarjeta, como eu já estive, procuro ajudá-la a levantar-se e a levo para ser socorrida, assim como fizeram comigo.

Os que estão chegando agora a uma dessas organizações, não desanimem. Não deixem de assistir às reuniões semanais. Confiem no poder superior, por piores que sejam os seus problemas.

‘Vinte e quatro horas de serenidade para todos.’”

Estas foram as palavras mais recentes do nosso companheiro que nos deu este depoimento. É ele, hoje, um divulgador dos benefícios das organizações Alcoólicos Anônimos (A.A.) e Neuróticos Anônimos (N/A) que nos apresenta o seu testemunho de recuperação física, moral e espiritual, confiando que luzes de esperança renasçam em outros corações, como aconteceu com ele e que, como ele, possam afirmar: “Eu venci!”

Mensagens

A vida é o que é

Nem sempre a vida oferece aquilo que vocês desejam; ao contrário, traz o que é totalmente indesejável, cujo conteúdo amargo não gostariam de provar.

Mas a vida é o que é. Não é esse punhado de tempo que vocês passam na Terra, mas muito mais do que isso. Ela esconde, por trás dos fatos que acontecem, e que são percebidos e sentidos por vocês, razões profundas, que jamais seria possível a vocês compreender, presos ainda que estão a um corpo de matéria densa. E esses motivos ocultos são, justamente, as causas que produzem os efeitos.

Se logo nos primeiros anos da existência, quando vocês passam a cuidar de si mesmos, sem mais necessidade de colo ou ajuda de alguém que lhes segure a mão para poderem caminhar, vocês tivessem conhecimento o que foram e por que razão estão aqui, muitos, certamente, desertariam da vida pela porta do suicídio.

A misericórdia de Deus é incomensurável. Um véu espesso é colocado entre a memória do passado e a do presente para que a Lei possa ser cumprida.

Vocês são o veículo da evolução. São produtos da Terra e a ela estão ligados por laços espirituais. A Terra tem a mesma natureza química e psíquica de vocês. Nela existem os reinos da natureza, os quais vocês conhecem e dos quais participam. E é por intermédio dos seres humanos que a evolução vai desencavar os tesouros ainda ocultos no seio da mãe natural, e que, um dia, farão parte da sua natureza.

Enquanto os elementos já conhecidos não forem bem compreendidos, conquistados e sublimados, nada mais lhes poderá ser transmitido. Uma vez a fera amansada, e disposta a conviver com o próximo, vocês tomarão então conhecimento daquilo que está resguardado para um dia se revelar.

A partir daí, os cálices de fel, as amarguras da vida cessarão e o homem começará realmente a viver.

Terá conquistado a natureza, e esta, sua amiga e colaboradora, não mais terá necessidade de ferir para curá-lo. O homem já estará sadio, consciente de sua origem, e sabendo agir sem chicote.

Caminhará em linha reta. Os atalhos não o atrairão. Sairá da gruta da ignorância, onde as trevas do sofrimento o angustiavam, e virá para a claridade do Sol. Será feliz e receberá aquilo que vislumbra como felicidade, mas de que não tem ainda a menor noção.

Trabalhem, companheiros, para se desvencilhar da carga emocional e ainda irracional que carregam. Transmutem essa carga por meio de orações e serviço.

A luz a todos aguarda. Sejam pacientes, perseverantes, vigilantes e procurem pôr em prática o "Amai-vos uns aos outros".

Sobre o suicídio

"Nossa vida pertence a Deus."

Seu corpo não pertence a você e sim a Deus. Você não tem, portanto, o direito de destruí-lo, envenenando o organismo com drogas ou vícios perniciosos, se quiser despertar em paz na eternidade.

Ainda que seja portador de doença incurável ou contagiosa, defeito físico, perversões vexatórias, procure, além da medicina da Terra, a que fica muito mais além – a medicina do Céu, mediante a aceitação consciente, sem revolta nem constrangimento, daquilo de que ainda não conseguiu se libertar, rogando a Deus e a Jesus que venham em seu socorro, e você será atendido.

Há provas cruciantes que muitas vezes arrasam e traumatizam. A tristeza de ser portador de uma doença incurável ou contagiosa, um defeito físico irremediável, um grande abalo moral constituem carga difícil de aceitar. Uma perversão da qual não se conseguiu a libertação, mas se sabe vergonhosa, é também motivo de angústia e de desgosto. Todavia, aquele que reconhece seu estado, sua fraqueza, principalmente com referência a suas falhas, e se constrange, se envergonha, já está despertando, já sabe distinguir o certo do errado, e está a meio caminho da sua libertação. Para conseguir a vitória, você depende de força de vontade e, sobretudo, de fé em Deus.

Amigo irmão, se você se enquadra em qualquer um desses casos, mesmo no vício de drogas, deturpação sexual, aceite-se como um doente que precisa imediatamente do medicamento da prece. Não se revolte, não se envergonhe nem tente pôr fim à vida que anima esse corpo que não lhe pertence.

O suicídio é um crime grave, porque é cometido contra si próprio, portanto contra quem não se pode defender.

Aqueles que não tiveram coragem de se aceitar como eram e, para não causar desgosto à família, fugiram pela porta do suicídio, certamente eram espíritos que pensaram erroneamente que seria maior desgosto para a família tomar conhecimento do seu comportamento do que a separação por meio da morte.

Não encontramos palavras para nos referir àqueles que assim procederam, a não ser dizendo que eram pessoas sem conhecimento e vivência evangélicos. Ninguém é autoridade para julgar. Só há um Juiz: Deus. Não considero covardes os que fracassaram; ao contrário, compreendo o drama de cada um e sei que nem todos são dotados da fé suficiente para buscar socorro em Deus.

Certamente que para esses, zelosos demais pelo bom nome da família, constrangidos, carregando o peso do que julgavam uma condenação indesejável, o suicídio apresentou-se às suas mentes conturbadas como o único recurso a ser utilizado em virtude do desespero que os dominava. Deus se compadecerá dessas almas sofridas e ignorantes do Seu amor e misericórdia.

Mas aos que ainda aqui estão palmilhando a estrada da Terra, por mais repulsivo que lhes pareça suas deformações físicas, fisiológicas ou morais, não tentem contra a vida ao tomar conhecimento de sua real situação, porque, no Além-túmulo, suas amarguras não serão menores.

Nesses casos, a rogativa sincera e confiante a Deus seja a expressão de nosso íntimo flagelado e débil, para que, em correspondência, Ele nos envie a força e a esperança de que necessitamos para superarmos os rigores da prova. Certamente, ao nos aquietar, entregues à vontade do Pai, as soluções e meios possíveis virão ao nosso encontro. Para Deus não há impossível. Ele oferece os meios para a vitória nas provas reabilitadoras e desenvolve o entendimento para que saibamos o que somos, o que fizemos da vida e os rumos que levam à libertação.

Que Jesus penetre nas consciências adormecidas, distanciadas das realidades da vida, e lhes abra a mente para a compreensão das leis divinas.

Assim é a lei

Nada acontece por acaso. Todo mundo sabe disso. Não existe coincidência. Há uma lei infalível. E a ela estamos todos sujeitos: a lei da causalidade ou Causa e Efeito, a lei das leis.

Não se lamente, pois, nem acuse ninguém, se a vida envolver você em situações desagradáveis. Sempre foi, é e será o construtor das linhas básicas do seu destino. Você é o causador das dores físicas ou morais pelas quai for atormentado, como o das alegrias que o fizerem sorrir e ser feliz, quando resultado de suas ações.

Se assim é, cabe a você, somente a você, buscar sua paz, sua felicidade, seu bem-estar físico, moral ou espiritual.

Diz que não é possível que assim seja, que não se recorda de ter ferido alguém, que não provocou as situações penosas em que às vezes se encontra. E então acusa a vida, o destino e até o próprio Deus.

Esquece que não há castigo nem prêmio vindo de fora de nós, mas como resultantes do que saiu de nós: nossos atos, palavras, pensamentos e sentimentos.

Fecha sempre seus olhos e ouvidos a tudo o que pensa ou faz de errado; embora não se esqueça de enunciar com certa vaidade algum bem ou atitude generosa que tenha praticado. Você faz questão de aplausos, de elogios... "Que a tua mão esquerda não saiba o que faz a direita", está escrito. Ainda se vangloria muito, o que, sem dúvida, prejudica grandemente suas boas ações.

São provas de imaturidade espiritual as queixas por ofensas e injustiças recebidas e a exaltação das próprias qualidades.

O bem que se faz em atos, pensamentos ou sentimentos é gratificado no momento da ação. É a paz que fica conosco. Não alardeemos nunca o bem, nem o mal. A lei se cumprirá sem que precisemos intervir.

Procuremos fazer o melhor que pudermos, dentro das nossas possibilidades, rogando a Deus que nos oriente e nos mostre o caminho que nos conduzirá de volta à casa paterna.

Compaixão

"E Jesus teve compaixão da turba."

Compaixão é piedade, é amor.

Compadecer-se é compartilhar e sentir a dor do que sofre, sem se deixar atingir por ela, para ter condições de ajudar.

Tombados, não poderemos agir.

Mantendo-nos de pé, serenos e confiantes, estaremos aptos ao serviço.

Para que possamos ajudar, precisamos, em primeiro lugar, ter amor no coração e compadecer-nos sem sentimentalismo. Não podemos entregar-nos ao desespero, principalmente se o irmão em sofrimento é nosso filho, esposo, parente ou amigo. Precisamos ser fortes na dor, para podermos ser úteis nas tarefas de auxílio.

O desespero piora qualquer situação.

Saibamos que todos nós estamos sujeitos a todas as circunstâncias, das mais agradáveis às mais dolorosas.

Preparemo-nos para receber as experiências difíceis, com o devido equilíbrio, sem nos deixar abater, nem nos revoltar.

Deus precisa da nossa compreensão e da nossa colaboração. Ele opera e nós cooperamos.

Precisamos nos habituar à idéia de que nossos corpos físicos são mortais e que, um dia, nós e nossos entes queridos voltaremos à pátria espiritual, e nossos corpos serão devolvidos à mãe natureza.

Feliz o que procura entender que a Terra está longe de ser um paraíso. É um planeta de expiação. Todavia, aquele que começa a entender a finalidade da vida e a ela procura se adaptar, poderá desfrutar de um paraíso, mesmo aqui onde nos encontramos.

Paraíso é um estado de alma. Aqui e agora, poderemos nos sentir num paraíso, dependendo do esforço que empregarmos para esse fim.

Não podemos violentar nossa natureza. Precisamos ter compaixão por nós mesmos, quando falharmos; mas sem pieguismo, sem autopiedade. Ter compaixão e ser compassivos com nossos irmãos e conosco.

Não somos melhores nem piores que ninguém. Não podemos, de uma hora para outra, ser divinos. Antes, sejamos humanos.

Convite da vida

A vida nos convida a segui-la, analisá-la, compreendê-la e finalmente vivê-la, tal e qual ela se nos apresente.

Momentos agradáveis, momentos dolorosos só o são porque nós lhes damos este ou aquele valor. Na realidade, o propósito da vida não é nos alegrar nem nos entristecer, mas nos ensinar por meio de múltiplas experiências para que aprendamos a nos comportar equilibradamente diante de cada circunstância.

Os momentos que freqüentemente agradam e alegram nossos sentidos são, algumas vezes, o prenúncio de dores e sofrimentos no futuro. E os momentos penosos são, quantas vezes, a preparação para futuras e reais alegrias espirituais.

A vida é ainda um mistério, um enigma para a nossa precária compreensão. Não entendemos por que as criaturas corretas, cumpridoras de seus deveres terrenos e espirituais, são tão seguidamente perseguidas pelo sofrimento físico ou moral.

Se refletíssemos um pouco, e em certos momentos mantivéssemos contato com Deus, e sinceramente pedíssemos Sua orientação, sem dúvida compreenderíamos que aquilo que chamamos de sofrimento não é senão uma forma de teste, de experiência e uma aquisição a mais para o nosso arquivo espiritual, quando bem entendido e aceito. Uma vez dissecada a matéria do que chamamos sofrimento, cada partícula é motivo de estudo e aprendizado, revelando cada fragmento de um mundo a ser explorado.

Quando alcançarmos esse desenvolvimento espiritual, estaremos quase libertos – "conhece a verdade e ela te libertará" – e a experiência dolorosa não mais será para nós um motivo de aflição, mas de enriquecimento espiritual.

Quando conseguirmos atravessar o fogo da incompreensão humana e não nos deixarmos atingir pelas chamas, ao chegarmos do outro lado da experiência, sorriremos de felicidade, da felicidade real daquele que venceu a si mesmo e superou galhardamente o incêndio das próprias paixões, e, assim controladas suas emoções, todos os instintos se aquietarão e conheceremos a verdadeira paz interior; de escravos passaremos a senhores e, como um rei em seu próprio reino, teremos condições de comandar nossos súditos. Seremos então o sumo sacerdote do nosso próprio templo. É a bem-aventurança. É a libertação. É a auto-realização.

Como Paulo de Tarso, também diremos: "Já não sou eu quem vive. É o Cristo quem vive em mim".

Autopiedade

Quando nos fechamos em nossas amarguras, sem deixar ao menos uma fresta para clarear nossas sombras internas, por falta da luz da compreensão, nesse estado, somos péssimas companhias, pois ninguém deseja conviver com quem destila o veneno da amargura.

Quase sempre, quando se tenta fraternalmente introduzir uma luz no entendimento de quem se lamenta, com a intenção de iluminar-lhe um pouco a compreensão sobre a realidade da vida, irrita-se, pondo-se logo em guarda. Seu ego se defende e não admite que se desfaça a imagem negra que gerou, alimentado assim a sua depressão.

É sombria a vida de uma criatura apegada aos seus fantasmas. Vive da condenação a tudo e a todos, mantendo vivo o sentimento de amargura de quadros dolorosos, que se ampliam estimulados por comparação entre o dom de viver e as inúmeras dádivas com que Deus a agraciou. Para ela, a vida é uma sentença, jamais uma oportunidade de aprender e conhecer Deus, que é expressiva doação em cada ritmo do coração humano. Oscila entre a piedade que sente por si mesma a superestimação de suas qualidades; não vacilando, quase sempre, em subestimar os que passam por sua vida, aos quais, freqüentemente, chega a atribuir a causa do seu sofrimento.

"Pior cego é o que não quer ver", diz um provérbio, e não há nada mais certo.

A escuridão em que vive uma alma revoltada é uma espécie de cegueira aflitiva.

A vida é o mestre que nos guia por meio de diversas situações, com o objetivo de nos desenvolver a compreensão, a força, a confiança e a fé para nos compreendermos como seres que todos somos no plano de Deus, rumo à meta – realizar a vontade de Deus.

Se olharmos as coisas com as limitações de nossa personalidade, do ângulo em que estamos situados, veremos apenas uma parte de um todo, como, por exemplo, diante de uma paisagem, só temos a possibilidade de vê-la do ponto em que nos colocamos, escapando de nossa visão os demais aspectos.

Permaneçamos atentos para entender a mensagem da vida, de Deus.

Cada um de nós O sente sob um de Seus múltiplos aspectos. Cada um de nós, antes de senti-lo no íntimo, tem sua concepção individual; isso, porém, não nos dá autoridade para condenar os que têm outra concepção de Deus, e O adoram e servem de maneira diferente.

Quando, com maior capacidade de entrega, nos deixarmos trabalhar pelos benfeitores espirituais, compreenderemos que o que julgamos sofrimento é apenas uma oportunidade de ver a vida por outro ângulo, e de divisar na paisagem detalhes insuspeitados; tudo para nosso enriquecimento espiritual.

Lastimar-se da vida, e viver em função de recordações e amargura, é autopiedade – uma forma de fuga do presente, onde estão todas as nossas possibilidades .

Que o ontem nos tenha servido de base, e oferecido a lição para que o dia de hoje nos encontre serenos e confiantes.

Enfermidade da alma

É muito comum classificarmos as pessoas baseados em seus defeitos morais. Não me refiro a delinqüentes nem a criminosos puníveis pelas leis humanas. Refiro-me a falhas morais, como orgulho, egoísmo, inveja, calúnia, hipocrisia, ciúme e outros tantos valores negativos, capazes de aniquilar uma criatura, assim classificada, às vezes um tanto injustamente, o que pode levá-la a sofrimentos cruéis e até ao suicídio. Tudo isso porque rotulamos essas falhas morais como defeitos, e assim nos digladiamos, acusando-nos mutuamente.

Nenhuma falha moral deve servir de motivo, quando as percebemos nos outros ou já somos capazes de reconhecê-las em nós, para nos referirmos a elas como se fossem um grave defeito de caráter, mas sim como doença, enfermidade da alma.

Assim, tomando como norma aquela máxima do Cristo – "Eu não vim para os sãos e sim para os doentes" – em vez de nos odiarmos uns aos outros por causa das nossas deformações morais, arraigadas de vidas e vidas passadas, deveríamos procurar nos compreender e nos ajudar mutuamente. "Quem se julgar isento de pecado, atire a primeira pedra", também disse Jesus.

Se nos conscientizarmos de que a Terra não é apenas uma escola, mas principalmente um hospital, onde todos nós estamos recolhidos, convivendo com nossas chagas, tratando de nossos males, do mesmo modo como nos compadecemos de qualquer enfermo, mostrando solicitude (quando somos solícitos), e procurando ajudar, do mesmo modo deveríamos ver-nos uns aos outros como pacientes do mesmo hospital, com enfermidades diferentes, precisando todos auxiliar uns aos outros.

Somos todos carentes de amor, de compreensão. Por trás de um grande ódio, de uma explosão de maldade, há uma criança chamando por "mamãe", tal a sua insegurança. Não há maior prova de covardia do que a dos supostos valentes que enfrentam, afrontam e fazem questão de ser considerados destemidos.

É o medo de se defrontar consigo mesmos que os leva a agredir os outros, por não ter coragem de se ver como são. Enfim, tudo isso que classificamos de defeitos, de fraqueza ou baixeza de caráter são apenas enfermidades da alma. Se tentarmos alcançar essa realidade, não teremos mais motivos para lançar impropérios uns contra os outros; compreenderemos que, na realidade, todos nós desejamos acertar e nos libertar das enfermidades da alma, e desfrutaremos da verdadeira paz.

Que assim seja.

Direitos e deveres

Amigo, você espera muito da vida, não é? Crê que tem direito a uma existência boa, confortável e feliz?... E, como isso nem sempre acontece, você se revolta e acusa de exagerados os imprevistos da vida e as criaturas que atrapalham seu caminho.

O que você faz, porém, para merecer tantos benefícios a que julga ter direito? Dá aos outros aquilo que deseja que lhe dêem? É bondoso, compreensivo, tolerante, paciente? É capaz de renúncias e sacrifícios em benefício de seu semelhante? Ama indistintamente a qualquer criatura, seja ela quem for? Já fez essas perguntas a você mesmo? Certamente não. O egoísmo nos leva a pensar só em nós e, no máximo, naqueles a quem amamos.

Isso não basta.

Ainda que tivéssemos todas as qualidades acima enumeradas, ainda que fôssemos um modelo de pessoa, não teríamos o direito de nos arvorar contra a vida, contra Deus, as criaturas e todas as circunstâncias terrenas, pois ignoramos o fardo pesado que muitas vezes trazemos de um passado distante, pelo qual somos responsáveis.

A ansiedade, a expectativa aflita desgastam e desvirtuam aquilo que deveria ser belo se procurássemos entender os desígnios de Deus.

Esperamos muita da vida, e quão pouco damos de nós para que a vida seja aquilo que desejaríamos que ela fosse!

O que nós, pobres criaturas diante da grandiosidade de Deus, pedimos e queremos em nossa ignorância? Bens materiais, saúde, posição social e tantas outras coisas superficiais para nós e nossos familiares. Foi para conquistar esses brinquedos de criança que viemos à Terra? Estes são, sem dúvida, os primeiros convites ilusórios da vida, mas não a sua realidade. Graças a essas aquisições é que começamos nossa ascensão ao infinito.

É tempo de crescer e tomar consciência do que viemos fazer aqui, de abandonar os passatempos infantis e nos firmar nas próprias pernas, prosseguindo com a visão de novos e amplos horizontes.

Desapeguemo-nos das atrações materiais, como um fim, e elevemos nossa mente em vôo para o Alto, conquistando bens imperecíveis e eternos.

Cumpramos nossos deveres com o mundo em que vivemos, para adquirir direitos mais altos e mais sublimes.

Amparar

Amparar quem está desalentado, dar-lhe palavras de estímulo, mostrar-lhe novos e promissores caminhos, que seu pessimismo lhe impedia de ver, é o dever do verdadeiro cristão; devendo sempre evitar sermões imperativos que exponham a causa que levou o sofredor ao estado em que se encontra. Isso prejudicaria seu esforço de recuperação.

Não se pergunta a um faminto por que chegou a semelhante estado. Dá-se-lhe alimento, antes de tudo; não só o alimento do corpo, mas também o do espírito, que pode ser um sorriso amigo e uma palavra de compreensão, dada com naturalidade, como todos nós gostaríamos de receber se estivéssemos na mesma situação.

A vida tem mistérios insondáveis. Ninguém sabe que experiências lhe reserva o próximo minuto. Julgar as causas que levam as pessoas a um estado de miséria material ou moral, e acusá-las, sobre qualquer pretexto, revela profundo desconhecimento da condição humana. Ninguém pode constituir-se em juiz de causas alheias.

A razão das coisas se perde na noite dos tempos. As provas são experiências que o homem pede ao voltar à Terra, com o objetivo de desenvolver novos valores, aprendizados que o tornem mais uma consciência capaz de atingir as dimensões da luz e da verdade. Os que se erguem de certas situações dolorosas tornam-se aptos a consolar e esclarecer os que passam pelos escalões da dor que ensina, retifica e amadurece.

Portanto, quando alguém sofre, não tentemos identificar o motivo, mas ofereçamos o socorro que estiver a nosso alcance.

Na lei do "Amai-vos uns aos outros" estamos sempre sendo testados.

Se revolvermos as chagas alheias com o propósito de condenar, estaremos preparando para nós momentos bem difíceis em um futuro próximo.

Aprendamos a ser cristãos. Estendamos nossa mão àquele que sofre, e o envolvamos no sentimento fraternal de nossas preces. Não nos cabe julgar, mas, sim, amparar.

Deus cura aquele que quer ser curado

Se você está enfermo do corpo ou da alma, mas deseja realmente ser curado, certamente que o será:

"Pedi e dar-se-vos-á".

Pedir é simples, e a maioria da humanidade pede, mas não recebe aquilo que pede.

Que incoerência encerra a afirmação proferida por Jesus: "Pedi e dar-se-vos-á"?

Nenhuma incoerência! Apenas pedir não é tão simples como parece.

Pedir é ter certeza de que receberá. Pedir é confiar nas palavras do Mestre, aconteça o que acontecer, após seu pedido. É crer que tudo o que acontece está certo, por pior e mais incompreensível que seja.

Quando lançamos o apelo com essa confiança, imediatamente começam a aparecer os meios e as situações para o atendimento de nosso pedido, mas as oportunidades nem sempre se apresentam agradavelmente, parecendo não corresponder àquilo que esperamos. Mas, se tivermos paciência e perseverarmos na esperança de que tudo caminha para o nosso bem, tudo dará certo, mais cedo ou mais tarde.

Muitos não compreendem as leis do receber, e se revoltam. Ainda não lançaram a semente ao solo e já querem colher, saborear seus frutos e se engalanar com suas flores perfumadas.

Pedir é realmente lançar ao solo a semente da confiança, na certeza que essa semente vai germinar e crescer.

A semente, no entanto, precisa de cuidados. Devemos resguardá-la com a terra da paciência e diariamente regá-la com a água da esperança, até que comece a despontar no solo. Nesse momento, precisamos envolvê-la com muito amor e gratidão, impedindo que os efeitos nocivos da vaidade deformem a confiança a expandir-se em seus anseios por desenvolvimento.

Após lançar a nossa semente ao solo para engravidar na terra, não cruzemos os braços à espera do rebento. Ocupemo-nos em ajudar a outros, com os frutos que já temos, e que talvez ignoremos que possuímos , tal a nossa avidez em colher o fruto novo.

Talvez você peça algo a que não tem direito, algo que não esteja dentro do seu atual programa de conquistas. Seu pedido, no entanto, será respeitado, vindo ao seu encontro o que você realmente precisa e merece. A questão é procurar entender a Lei de Causa e Efeito: "Cada um colhe o que semeia".

É natural, é humano que você peça. Todos nós enfrentamos sérios problemas e às vezes não sabemos como solucioná-los: doença, em nós ou em alguém a quem amamos, situação financeira difícil, injustiças, ingratidões e outros atormentadores imprevistos. Tudo isso faz parte da vida. Ninguém é imune às provas que nos retificam e aprimoram. Ora magoamos a outros, ora somos magoados, e assim vamos aprendendo uns com os outros. Essas experiências, se as analisarmos cuidadosamente, constituem um grande acervo para o nosso aprendizado.

Peçamos pois, mas não nos esqueçamos de que ninguém carrega fardo alheio. Se confiarmos realmente na bondade e na justiça do Pai, se acreditarmos realmente nas palavras do nosso divino Mestre, "Pedi e dar-se-vos-á", estejamos certos de que venceremos todas as batalhas. O medo nos abandonará, os quadros dolorosos que o nosso pessimismo teimava em pintar serão retocados, receberão o colorido da fé, do otimismo. Talvez, por fora, nada se modifique, mas se você se modificou por dentro, se mudou sua atitude mental, elevando-se até o Senhor dos Mundos, então você não é mais um enfermo, principalmente da alma, e saberá, unido a Deus, curar-se ou encontrar os meios para sanar qualquer enfermidade.

"Deus cura aquele que quer ser curado."

Concordar em discordar sem brigar

Eis uma fórmula para viver em paz: concordar em discordar sem brigar.

Quando concordamos com que as pessoas discordem de nós, e aceitamos ouvir com naturalidade os motivos que as levam a não estar de acordo conosco, é bem possível que aprendamos muita coisa. Podemos também ensinar, pois quando duas pessoas se dispõem a conversar, falando e ouvindo, com isenção de ânimo, naturalmente, dessa troca de opiniões e experiências, muita luz se fará para ambas as partes.

Convenhamos que não damos um passo à frente quando nos fixamos num ponto e ali permanecemos obstinados, não admitindo que possamos estar errados.

Da troca de idéias com outros podemos reformular nossos pontos de vista ou reafirmá-los na convicção de que estamos certos.

Não cristalizemos nossos conhecimentos!

Por intermédio do diálogo amigo, racional, educado e sem pretensão, melhoraríamos nossa visão da vida e das coisas, e também ajudaríamos a enriquecer o patrimônio de outrem.

Aquele que se fecha e não admite o diálogo de pontos de vista, revidando ofensivamente qualquer aproximação, qualquer discordância relativa a seu modo de pensar, ainda não entendeu que ninguém evolui sozinho; não compreendeu a própria observação consciente dos desequilíbrios, que nos leva ao esforço retificador e promove o reequilíbrio. Portanto, sejamos compreensivos e não esperemos que batam palmas a tudo o que fizermos ou dissermos. Aceitemos como amigos os que discordarem de nós, amigos que nos vêm oferecer algo muito valioso – a oportunidade de entender que todos têm sua maneira particular de ser e cada pessoa é a mensagem de sua vida, e que tudo é válido, entre acertos e desacertos, no concerto de valores.

Procuremos ser simples, humildes, autênticos e deixemos que os outros também ajam da mesma maneira, dizendo o que pensam das nossas palavras e dos nossos atos.

Não mudaremos o nosso modo de ser, não trocaremos nossa personalidade; mas poderemos aprimorar o que somos e o que sabem, se concordarmos em discordar, sem brigar.

Destino ou livre-arbítrio

Há muita controvérsia sobre a questão de destino e livre-arbítrio.

De um lado os fatalistas afirmam que não adianta lutar, pois o nosso destino se cumprirá, indubitavelmente. De outro, os que aceitam o livre-arbítrio como lei irrevogável crêem que preparamos nossa felicidade ou infelicidade com as próprias mãos. Somos livres para subir ou descer; continuar rompendo estradas ou estacionar ociosos, sem nada empreender como esforço evolutivo.

Por intermédio do livre-arbítrio, criamos nosso destino. Esta é a nossa conclusão.

Temos liberdade para fazer o que quiser, mas, como somos influenciáveis, deixamo-nos sugestionar uns pelas idéias dos outros. Nunca procuramos, no silêncio do coração, a orientação do nosso verdadeiro eu, e assim criamos um destino cruel. Não aprendemos ainda a usar nosso livre-arbítrio no seu real sentido. Continuamos escravos dos desejos. As apreciações, as opiniões, os aplausos, enfim, liberdade de escolher entre o chamamento de fora ou o de dentro. Nosso destino é a conseqüência da escolha que fazemos. Criamos uma personalidade assim como uma concha oca.

À proporção que evoluímos, vamos aprendendo a disciplinar nossas tendências, saindo da categoria de escravos e nos tornamos senhores dos nossos instintos. A partir dessa transformação é que acertaremos nossa rota, construindo um destino agradável, cheio de realizações.

Lutar contra o destino é inútil. Teremos que colher tudo o que semeamos. "A semeadura é livre (livre-arbítrio), mas a colheita (destino) é obrigatória." As conseqüências dos nossos atos nos seguirão como obra nossa, desabarão às vezes em forma de ameaçadoras tempestades e nos flagelarão, apesar de esforços e súplicas aos Céus para detê-los.

"Faze o que quiseres, mas lembra-te de que responderás por todos os teus atos." Aí está o destino como conseqüência do uso que fazemos do livre-arbítrio.

No entanto, se, em vez de lutarmos contra o inevitável, nos preparássemos para assumir a responsabilidade de nossos atos, mesmo nos momentos difíceis em que tudo parecesse desabar sobre nós – perda de entes queridos, de bens materiais e posição social, ou de quaisquer circunstâncias dolorosas –, deveríamos somar nossa resistência e coragem e, sem revolta, firmados na fé compreensiva, seguir avante, compreendendo que Deus não pode errar, que só estamos recebendo o que nos pertence. Assim, vamos nos libertando dos comprometimentos espirituais e nos aproximando do nosso verdadeiro eu.

Trauma

Trauma é uma cicatriz muito sensível, ocasionada por um golpe doloroso, por um choque emocional, recebido às vezes na infância ou no decorrer da existência, o qual dói profundamente, deixando-nos uma marca, um sentimento de mágoa ou um estado de revolta, que nos vai corroendo por dentro, a ponto de nos prejudicar seriamente a saúde.

Por que essa sensibilidade tão à flor da pele? Por que guardar resíduos de veneno que corroem e matam a confiança, a esperança e a paz interior?

Consideramos que os traumas são mais presentes nas criaturas imaturas espiritualmente. Na realidade, quase todos nos encontramos dentro desse esquema emocional. Dizemos que seremos capazes da boca para fora. Quando somos atingidos, deixamo-nos envolver, lutando com dificuldade para apagar a lembrança do choque. Mesmo quando já temos apurado o senso da razão, inquietamo-nos e sofremos ao perceber que atingimos alguém, e com isso nos deixamos traumatizar por nossa falta.

Só há uma diferença entre nós, que ainda palmilhamos o chão da Terra: os que já se conscientizaram das realidades espirituais e lutam para superar suas fraquezas, e os que encaram os problemas, as criaturas e as circunstâncias da vida sem óculos de alcance da compreensão. Ignoram que são ignorantes das sábias leis de Deus e se deixam arrastar, caindo e abalroando os que estão no seu caminho.

Para os primeiros, embora a dor seja uma ocorrência constrangedora, não guardam seus instrumentos como relíquia; ao contrário, procuram entender a razão de tudo o que acontece, dando oportunidade ao ferimento de cicatrizar e recobrir-se o tecido com nova epiderme, menos sensível à dor. O mal é logo eliminado, e as chamas do incêndio são extintas. Para esses, não existe o trauma, quando muito a lembrança do incidente, que procuram transformar em experiência, em lição.

Para os segundos, a dor dói mais, e, embora a ferida cicatrize, a matéria deletéria fica retida. Assim, sempre que o local ainda não restabelecido for tocado, há uma descarga de desespero e revolta. Encaram a dor como um mal e não como uma oportunidade de aprendizado. E o trauma, aquela marca dolorida, fica intocável e vai se espalhando, e a vida passa a ser, para essas pessoas, um "vale de lágrimas".

Para os que já alcançaram o terreno da compreensão torna-se bem mais fácil o desligamento de um passado penoso, e eles conseguem, com facilidade, seu equilíbrio interior.

Libertemo-nos, irmãos queridos, da sensibilidade doentia, e procuremos nos harmonizar com a vida, as circunstâncias e as criaturas. Nós carregamos conosco tudo aquilo que recolhemos na estrada. E nossa vida será o que fizermos dela. Feliz, bela, florida, se soubermos transformar os espinhos em flores. Infeliz e dolorosa, se conservarmos os espinhos como eles são, guardando-os para que nos firam a cada momento.

Procuremos não cultivar as marcas ocasionais resultantes das pedradas, que às vezes precisamos receber. E curemo-nos daquelas que já recebemos ou das que atiramos.

Inauguremos, agora, um novo mundo para nós, todo feito de amor e compreensão, e a paz será conosco.

Frustração

Frustração: eis um estado depressivo que é capaz de levar uma criatura ao caos, se não tiver oportunidade ou se recusar a um encontro, uma conversa consigo mesma.

Cada um de nós carrega seu fardo de erros e acertos.

Somos todos falíveis. Ninguém é melhor nem pior do que ninguém. Estamos aqui em dura aprendizagem, mas é preciso que queiramos aprender.

O livre-arbítrio nos dá plena liberdade de criar na nossa mente um anjo guardião ou um demônio. Somos, pois, arquitetos de nosso próprio destino.

Quando nos deixamos levar ou caminhamos sem rumo, e nos desligamos das forças positivas que estão à nossa disposição, à espera de requisição, o primeiro embate da vida nos rebaixa a vibração, pondo-nos em estado de desequilíbrio. Nesse momento, a frustração se apossa de nós. Não conseguimos nos encontrar no emaranhado de nossas emoções descontroladas; em vão tentamos nos apagar, fugindo das criaturas, às quais, muitas vezes, acusamos do estado em que nos encontramos.

Quando colocamos os nossos desejos onde não podemos alcançá-los, ou lutamos pelo que está acima da nossa capacidade, somos colhidos pelo fracasso e envolvidos pela frustração. O mesmo acontece quando não sabemos dar expressão aos nossos naturais e razoáveis desejos.

Ela é uma senda da tristeza, que nos transforma em seres infelizes e solitários.

Quando perdemos a confiança em nós mesmos, desinteressamo-nos de tudo e nos refugiamos como bichos de concha, sem o desejo de participar da vida, tornamo-nos verdadeiros marginais, incapazes de expressar nossas melhores possibilidades.

É compreensível que tenhamos nosso momento de depressão. Afinal, ainda estamos na Terra e somos humanos. O que não é justificável é permitir que esse estado nos domine a ponto de anular nossa vida e prejudicar a dos que nos cercam.

Precisamos nos acostumar a viver altos e baixos, manter a capacidade de voltar ao nosso centro de equilíbrio e encarar de frente as mais diversas e descontroladas situações, esforçarmo-nos para entender o porquê de tudo o que nos acontece e aos que estão em torno de nós.

Ninguém veio à escola da Terra apenas para se divertir, armazenar troféus ou recolher as glórias do mundo, mas para entender a finalidade da vida, progredir na elevação do espírito e realizar a vontade de Deus, a meta de todos.

Na busca dos prazeres do mundo, o desejo de fama e poder, apenas corremos atrás de coisas fictícias, e nesse esforço caímos seguidamente, ferindo-nos e amargurando-nos até que, saciados, restabelecidos de nossos enganos, despertos para a realidade, começamos realmente a viver.

A maior vitória da criatura é a conquista de si mesma.

O verdadeiro herói é aquele que vence a si mesmo.

Idade e jovialidade

A idade nada tem a ver com a jovialidade. O corpo físico apresenta natural desgaste com o decorrer dos anos; o espírito é eterno e imortal.

Jovialidade, pois, é um estado de espírito. Uma criatura, mesmo idosa, pode ser jovial, do mesmo modo que um adolescente pode ser idoso, se assim se sentir.

O temperamento de cada um difere muito. A pessoa é como é. O importante é que seja autêntica, não procurando nunca parecer o que não é, nem imitar padrões de outros, pois dentro de si tem muito potencial a desenvolver.

Está ao nosso alcance descobrir por que agimos dessa ou daquela maneira. Se a criatura se sente velha, sendo jovem, algo errado está acontecendo. Alguma lembrança triste, mágoas, recordações desagradáveis ou a repressão de algum sentimento de culpa oculto no seu inconsciente.

Qualquer dessas situações pode ocasionar um retraimento, com receio de revelar aquilo que procura esconder até de si mesma.

Na atual fase evolutiva, atravessamos um momento que nos solicita à união, para que, unidos, participemos ativamente de tudo o que na vida nos torna felizes, por meio do convívio e do diálogo; é na permuta de idéias que podemos melhor nos conhecer, tornando-nos mais úteis e solidários.

Jovens e velhos, sejamos todos joviais, otimistas, bem-humorados, confiantes em Deus. A alegria, o entusiasmo em todas as nossas realizações são ingredientes do elixir da juventude e da longevidade.

A vida é bela, Deus é bom e nós precisamos manter a jovialidade, seja qual for a nossa idade.

Adolescência

A juventude de hoje não é submissa, nem admite interferência em sua vida.

É uma geração diferente daquela que ficou no passado.

Desinibida, descontraída, autêntica. Quer alcançar algo que dê sentido a sua vida. Não deseja "ser feita" pelo passado, por temores e convenções de outros. Busca afirmar-se, mas, talvez por falta de vivência, às vezes se desnorteia, sendo freqüentemente levada a começar por onde deveria acabar.

Não creio que mereça crítica, mas sim compreensão e amor.

Confesso que amo a juventude.

A atitude de agressão de alguns jovens, apelando para drogas e cultivando vícios, faz parte de transformação espiritual de nossos tempos. Algo de novo está ocorrendo na Terra e, diante das grandes e intensas modificações, explodem valores positivos e negativos, no momento exato em que a parte inútil da tradição é derrubada e os jovens têm que interpretar a mensagem do novo mundo, que deles mesmos é constituído, e dar expressão à capacidade afirmativa e criadora de suas vidas. Além disso, devemos levar em conta as conseqüências de um passado repressor, quando quase tudo trazia a marca do mal e da reprovação, época opressiva e cheia de tabus, que transpirava preconceito. Mas não podemos condenar esse passado que precisava expressar-se daquela maneira, seguindo o rumo da evolução.

Em cada época as pessoas têm seu modo de se manifestar. A esse estado de coisas, muitos jovens respondem com agressão, o que não deve impressionar, pois é preciso entendê-los e aceitá-los, sem ataques nem reprovações.

O que mais admiro nos moços de hoje é a ausência de preconceitos de qualquer natureza, o carinho, a bondade, o espírito de confraternização, a inteligência brilhante em todos os ramos, principalmente no campo artístico, e a vontade de participar do processo cultural. Tudo isso prova que temos hoje uma juventude que sabe o que quer, que sabe lutar com garra para alcançar seu objetivo.

De importância, também, é o trabalho que realizam, organizando-se em grupos para levar sua música às igrejas, aos festivais beneficentes espíritas ou de outras religiões, aos presídios, aos hospitais e asilos.

Todos esses jovens já têm consciência do trabalho que estão realizando; outros ainda não têm convicção, mas também manifestam o desejo de colaborar nos meios religiosos e assistenciais. Assim, aqueles que ainda tateiam sem rumo certo, mas que por companheirismo seguem sua turma, estão se aproximando de Deus sem se aperceberem disso e dando um rumo certo às suas vidas.

Viver do passado

Há pessoas que vivem do passado a arrastam atrás de si uma comitiva de fatos desagradáveis que lhes aconteceram, acreditando ser essa a causa pela qual não conseguiram vencer na vida. As recordações negativas, a revolta pela maneira como foram tratadas, as imagens vivas de desacertos seus e de todos os que as cercaram formam um séquito que não as deixa nunca, amargura-as e as aprisiona a um tempo que não mais existe. São tristes, mal-humoradas e descrentes de tudo.

Outras vezes é o hoje que é doloroso, desagradável, cheio de problemas, comparado ao passado que foi bom e promissor. E essa recordação de um passado feliz, e a perda dessa felicidade, as ponderações sobre o que poderia ter feito para evitar o que julga umatragédia, também amarguram e aprisionam. A memória, voltando ao passado e trazendo ainda vivos os quadros que a pessoa crê que poderia ter evitado, leva à autopunição, retardando a caminhada rumo ao futuro.

Esse retorno ao passado, quer tenha sido ele bom ou desagradável, essa fuga para o ontem, leva-nos a uma asfixia psicológica e à inaceitação das coisas, das pessoas e das circunstâncias por que passamos. A inadaptação às diversas situações ocorre para que possamos analisá-las e vivê-las integralmente, e retirar delas a lição que tudo contém. Alongar também nossa visão ao futuro, pensando no que nos espera, impede-nos de viver o "agora", que é realmente o único momento importante em nossas vidas.

Do passado, retiremos apenas a essência, o aprendizado, a experiência que nos deixou. O futuro pertence a Deus. "Não vos preocupeis com o dia de amanhã", ensinou Jesus. Só o momento presente é importante. Se o enriquecermos com as lições que nos legou o passado, e conscientemente vivermos o momento atual, procurando pôr em prática os ensinamentos do nosso Mestre Jesus, estaremos preparando um futuro de paz.

Pessimismo

Às vezes, pensamos que as coisas desagradáveis só acontecem conosco. A impressão que temos, ao ver outras pessoas alegres, é que só para nós a alegria não sorri. Envolvemo-nos num véu negro de pessimismo e fechamos a porta à alegria. Vestimos de luto tudo de desagradável que nos acontece e choramos sobre o esquife mortuário de nossas próprias criações mentais.

A vida é aquilo que queremos que ela seja.

Transformar o lodo em lírio é o dever de todos nós.

Não é preciso olhar o adubo onde está plantada a nossa rosa, mas sim contemplar o colorido da flor, sentir seu perfume, descobrindo o valor do adubo que permitiu à semente nele lançada desabrochar em forma e beleza.

Suponhamos que as coisas desagradáveis que vêm até nós sejam como o adubo, de odor forte e nauseante; mas se nele colocarmos a semente da compreensão, nascerá uma bela flor, exalando perfume e alegria aos que a souberem cultivar.

Sentimos, a bem dizer, uma espécie de inveja quando nos acontece algo desagradável e, ao nosso lado, alguém está contente. Temos vontade de mandar a pessoa calar-se ou não sorrir, porque suas palavras e sua alegria são uma espécie de afronta ao nosso estado de espírito.

No entanto, esquecemos que existem milhares de pessoas com problemas iguais ou piores do que os nossos, mas que não os exteriorizam nem se desesperam, evitando preocupar os que com eles convivem. Procuram a melhor maneira de conviver com suas dificuldades, certos de que Deus, nosso Pai Supremo, e Jesus, nosso Mestre querido, nos enviarão a orientação, a força e o entendimento para tudo o que nos acontecer, mesmo que nos venha de quem menos esperamos.

Cada circunstância da vida traz em si mundos de ensinamentos, quando queremos aprender. Tudo é lição; o importante é aceitar essa verdade, evitando guardar os aspectos negativos da experiência; ao contrário, devemos dissecá-los para entender a lição maravilhosa ali oculta. A dor se transforma em bênção, e, agradecendo a Deus pela felicidade de compreender seus desígnios, sentiremos que o sofrimento já não nos abala a alma, que nem mais se encontra débil e desesperada.

Procuremos, amigos, entender cada mensagem da vida e nos libertaremos do jugo do pessimismo.

Poder inteiro

Quando a vida nos oferece prazeres, geralmente nos esquecemos de Deus, não nos preocupamos em pensar em destino nem em livre-arbítrio. Desfrutamos de tudo o que nos satisfaz e assim nos sentimos tranqüilos. Mas quando a dor bate à nossa porta e somos apanhados de surpresa, o desespero e a revolta se apossam de nós, obrigando-nos a indagar: "Por quê?" A resposta é que não estamos amadurecidos, nunca nos preocupamos em entender as leis eternas, e assim tudo nos parece confuso e absurdo. O templo de nossos enganos e artifícios está sendo destruído. Isso nos parece uma calamidade, a destruição de nossos esforços. É a lógica da transformação.

Há quem seja senhor de muito conhecimento filosófico e espiritual, mas cuja vivência não lhe forneceu material para vivenciar aquilo que sabe e prega.

Não devemos admitir que as circunstâncias da vida sejam mais poderosas que o nosso poder de superá-las.

O poder interno é admirável quando sabemos usá-lo.

Não importam o fracasso, a doença, a morte ou os desencontros da vida. Suceda o que suceder, o homem amadurecido saberá manter-se de pé, conservando a serenidade, com a certeza de que tudo acontece porque há um motivo para isso acontecer.

Sofre, como ser humano que é, mas sem desespero, aceitando os desígnios de Deus com submissão e coragem. Dos escombros de seus ideais desfeitos, erguerá o templo de novas linhas, com a arquitetura da fé e da esperança. Não mais será destruído. A nova construção, nas proporções devidas, guarda em seu conjunto as medidas do divino templo: uma construção eterna, trabalhada por Deus em nós, com a nossa concordância de total entrega.

O nosso poder interno é incomensurável. Saibamos usá-lo.

O Santo Graal

Conta uma lenda que, certa vez, um rei muito poderoso, mas muito religioso, desejou possuir o Santo Graal – o cálice sagrado.

Dispôs sua vida para poder se ausentar por tempo indeterminado e saiu, em peregrinação, em busca do objeto de sua adoração.

Percorreu vários países, permanecendo neles durante vários meses, indagando onde poderia encontrar o que buscava com tanta ansiedade.

Como levava muito dinheiro, cada país o retinha por muito tempo, afirmando que ali encontraria o objeto de sua procura.

Tudo em vão. O tempo passou, seu dinheiro acabou e, avizinhando-se a velhice, resolveu ele voltar para seu país.

Desalentado, cansado e sem dinheiro, trazia no seu bornal apenas uma fatia de pão velho.

Ao se aproximar do palácio onde havia reinado, deparou com um ancião sentado e já muito curvo, à sombra de uma árvore. Parecia um mendigo faminto e sedento, sem forças para se levantar. Perto corria um riacho.

O rei, compadecido do estado daquele velho homem, sentou-se ao seu lado, dividiu com ele o pão e, com as mãos em forma de concha, foi apanhando água e dando de beber ao pobre homem. Comeu a sua fatia de pão e também saciou a sede.

Acomodou-se ao lado do pobre homem e permaneceu em silêncio. Passados os primeiros momentos, o velho, com voz grave e solene, voltando-se para o rei, disse-lhe: "Foste tão longe, gastaste todo dinheiro que possuías, envelheceste em busca do Santo Graal, quando ele estava dentro de ti mesmo, filho!"

Amigos: vemos nesta lenda que aquilo que colocamos tão distante de nós – o amor –, simbolizando o Santo Graal, está encerrado dentro de nós, sem que o percebamos. Peregrinamos por toda parte em busca de conhecimentos, complicamos a simplicidade dos ensinamentos de Jesus, que nos disse simplesmente: "Amai-vos uns aos outros tanto quanto vos amei".

Quando estivermos preparados para pôr em execução esse único mandamento, estaremos de posse do Santo Graal, que sepultamos no mais profundo do nosso ser. No dia em que fizermos essa descoberta e começarmos a nos interessar por todos os que estão próximos de nós, mendigos e famintos, não só do pão do corpo, mas muito mais do pão do espírito, nesse dia teremos realmente entrado em comunhão com Deus. Será o encontro do rei mendigo com o mendigo rei, e teremos descoberto a mensagem do Santo Graal.

Não se apegue a preconceitos

Aceite a vida, as criaturas, tais quais se apresentam.

Cada um e cada circunstância é como é. Se alguma alteração tiver que ser feita, não será porque você é contrário aos acontecimentos e às pessoas, mas porque a Lei de Causa e Efeito se incumbe de recolocar no lugar tudo e todos aqueles que não estão em concordância com seus princípios.

Não olhe com indiferença, nem desprezo, nem superioridade para as coisas e pessoas que se apresentam diferentes daquilo que você aprova, mas com compreensão e tolerância, emitindo não sentimentos de censura, mas de amor, para que você se torne, também, colaborador dos benfeitores espirituais.

Nada conseguirá de bom para você nem para ninguém, se olhar com repugnância as coisas que julga desagradáveis.

Só o pensamento positivo, só a vibração de amor podem ser úteis a quem os emite e a quem os recebe.

Seja, pois, um dínamo de energias positivas para que possa irradiar o bem e o amor em todas as direções, e você será abençoado por Deus.

Não se apegue a preconceitos tolos e ultrapassados. Seja mais realista e lembre-e sempre de que todo processo transformador é árduo e de difícil compreensão para os sentidos materiais.

Erga seu pensamento ao alto e de lá ele voltará impregnado da luz divina, que iluminará todos os seus caminhos.

Você será, assim, transformada num foco dessa luz, e será a própria luz, e Deus a envolverá com o seu manto protetor.

Deus a guarde, irmã querida, e que a divina sabedoria se expresse por meio de seus atos, pensamentos e sentimentos.

Assim seja.

Espírito Jacy

Ignorar

Ignorar é não saber, não conhecer.

Ignorante, portanto, é o que não sabe ou desconhece alguma coisa.

Usamos essa palavra – ignorante – geralmente no sentido pejorativo. Quando no auge da indignação dizemos: "Você é um ignorante", na realidade estamos proferindo (quem sabe?) uma verdade. No entanto, deveríamos dizer com tranqüilidade: "Somos todos ignorantes".

Quanta coisa desconhecemos!

Cada geração traz inovações que, a princípio, são recusadas, criticadas, condenadas; depois aceitas, vividas e aplaudidas.

Os homens instruídos, aqueles que primam pela cultura intelectual, em muitos setores, principalmente da vida prática, podem ser ignorantes. E a pior ignorância é a do que ignora ser ignorante.

A escola da Terra possui departamentos completamente ignorados pela atual civilização.

A nossa moral é instável. O que ontem, só em pensar, causava arrepios, hoje é aceito com naturalidade. Aprendamos a cada dia que passa que só Deus é imutável. Nós seguimos a evolução, dê ela as reviravoltas que der. Chorando ou sorrindo, temos que aceitar o que ela nos traz. O que precisamos não é fugir das inovações, mas entendê-las.

Nossas existências parecem trazer a marca de um destino que não pode ser mudado,porque seguem a Lei de Causa e Efeito. Tudo passa, tudo se transforma, só Deus permanece eterno e imutável. Para alcançá-lo, teremos que entender as Suas Leis e pô-las em prática.

Ignorar a própria ignorância é uma infelicidade. Alguns dos ignorantes julgam estar na posse de todo o conhecimento e pensam que são capazes de bastar-se.

Frágeis criaturas que somos, arvorados em super-homens...

Ao aceitarmos nossa fragilidade e ignorância ante tanta coisa que desconhecemos, estaremos preparando o alicerce onde ergueremos o edifício de futuros e nobres conhecimentos.

Afastemos de nós a falsa idéia de inferioridade ou superioridade, certos de que, na realidade, temos muito que aprender uns com os outros.

Utilizar a vida

Utilizar a vida é vivê-la integralmente. É estar presente nos momentos em que ela nos chamar para desempenhar alguma tarefa. É dizer sempre: "Sim. Eu posso. Eu quero servir". É não se ocultar, sob qualquer pretexto , para se esquivar de um pedido de socorro do irmão que sofre. É também não se entregar ao desespero quando estiver necessitado de socorro alheio.

Utilizar a vida é não perder um segundo dos dias que nos são concedidos viver no bom sentido, sem fantasias ou ilusões.

É arcar com a responsabilidade que nos compete, e não viver à espera de que as coisas "caiam do céu". É não depender de nada e de ninguém como única fórmula para realizar nossos objetivos; é não ser escravos de nenhum preconceito, de nenhuma situação.

É estar atentos a tudo o que ocorre, presentes em todos os momentos, sem perder uma só oportunidade de participar das experiências que nos levam a aprofundar nosso relacionamento com as demais criaturas, sempre no sentido de aprender, de servir, de auxiliar o companheiro em queda e consolar o desventurado em seus momentos de aflição.

Da alegria conquistada, que nos acalenta a alma, saibamos oferecer o pouco que reanime os tristes, sem ostentação que fira sentimentos debilitados.

Utilizar a vida é não desperdiçá-la inutilmente, não se fechar no círculo do próprio egoísmo, mas compartilhá-la, amorosamente, com todos os irmãos na Terra e no espaço.

Utilizar a vida é dar expressão construtiva à palavra, é orar e estar vigilante, manter o equilíbrio mental, o ânimo forte, não vacilar na fé e saber ouvir com humildade.

É ser consciente de suas responsabilidades como espírito e não se afastar, um só momento, do convívio com o Divino Pastor.

"Seja a sua palavra sim sim, não não"

Não mascare sua fisionomia nem adoce sua voz apenas para ser agradável. Deus vê o fundo de seu coração e sabe o que lá se passa.

Você poderá até se iludir, iludir aqueles com quem convive, mas não iludirá a Deus, que tudo vê, tudo observa.

Não há necessidade de falsear a verdade. Se você pode fazer algo a quem pede, diga-lhe "sim". Se não quer ou não pode atender, não importa o motivo, diga "não".

O "não", quando explicado o motivo da negativa, não fere ninguém; ao contrário, mostra algo que o solicitante ignorava.

Uma pessoa sensata não se ofende com um "não". Mas não compreende nem aceita um "sim" cheio de sorrisos e belas promessas, especialmente quando sente que, mesmo partindo de pessoas conscienciosas, estas não pretendem cumprir sua promessa.

A pessoa que mascara o semblante e a palavra, na condição de um líder, faz desfalecer a crença daqueles que o colocaram em lugar de destaque no seu conceito.

Quando Jesus disse "Seja a tua palavra sim sim, não não", certamente não ordenou que fosse categórico, nem que se ornasse com sorrisos falsos o "sim" mentiroso, ou se fechasse a fisionomia, no momento de proferir o "não", fosse por que motivo fosse.

Tudo, quando explicado com dignidade e amor, é bem recebido por aquele que escuta, vendo naquela atitude uma sincera manifestação de honestidade.

Irmãos, não deturpemos o dom divino da palavra. Não maculemos o ensinamento do Cristo. Quando tivermos que dar um veredito, que a nossa palavra seja sempre: sim sim ou não não.

Os excessos

O excesso de amor ou desamor, o carinho demasiado, a satisfação de todos os caprichos da criança ou a total indiferença e grosseria são igualmente perniciosos.

A moral excessivamente rígida, ou a sua ausência total, a educação religiosa obrigatória, repleta de preconceitos, ou a negação de qualquer princípio religioso afetam a criança. O ideal é o meio-termo.

A conduta do adulto, principalmente a dos pais, tem muita influência na formação da criança.

O meio ambiente é um fator importante em nossas vidas, e as marcas emocionais que nos vêm da infância permanecem em nós como lembranças agradáveis ou inquietantes.

No lar, a convivência de muitos irmãos, certamente com temperamentos e tendências diferentes, embora filhos dos mesmos pais, vivendo sob o mesmo teto com as mesmas pessoas, sendo cada um deles um ser à parte, com nível próprio de entendimento, recebe e responde de modo diferente ao tratamento igual que é dado a todos.

Há pais que estabelecem comparações entre seus filhos, exaltando uns, recriminando outros, e o fazendo diante deles. Não avaliam os ferimentos que podem causar nas almas de seus filhos nem a animosidade que pode gerar entre eles.

Muitos adultos de hoje, frustrados, ou complexados, pertencem ao número dos que carregam revolta do passado. Os que foram superprotegidos sentem-se despreparados para viver a realidade da vida. Os mal amados são amedrontados, inseguros e sem condições para tomar decisões.

Como um cordão umbilical que nos liga ao passado, o erro que carregamos conosco leva-nos a culpar o modo como fomos criados, ou qualquer acontecimento que nos tenha marcado. Muitas vezes, é certo, as marcas que nos ficaram do passado, sobretudo da infância, são muito poderosas. Os ruídos emocionais, encerrados em longínquas áreas, provocam imensa confusão, roubando-nos a tranquilidade. É chegado então o momento de entender que, mesmo aparecendo como vítima do passado, estamos dele já muito distantes.

Devemos, agora, começar a correção de nossos males, conscientizando-nos de que não somos, hoje, os prisioneiros de ontem, embora marcados por situações que têm nesse ontem suas raízes.

Resolutos e confiantes, saneemos nossos males, compreendendo-os e nos renovando sempre com o pensamento voltado para Deus, fonte de todo poder, que nos fortalece e revela rumos de salvação, amor e sabedoria. Não percebemos que tudo o que a vida nos oferece, por intermédio de qualquer pessoa ou circunstância, não é para ser guardado como um fermento ácido e lembrado com mágoa. Devemos lutar dentro de nós mesmos para apagar essas manchas negras e dolorosas, colocando em seu lugar a compreensão de que nos deram em excesso, agradável ou desagradável; deram-nos porque era o que estava ao alcance de outros nos oferecer. Não o fizeram por mal. E, ainda que o tivessem feito, não devemos permanecer escravos do que nos impede o desabrochar de nossas possibilidades e alegrias.

Possivelmente, a incumbência daqueles que nos deixaram marcas era apenas a de nos entregar, em conformidade com os dispositivos da Lei Divina, aquilo que precisávamos receber. O que nos compete, pois, não é reter as brasas do passado, fazendo-as arder na memória, mas compreender o material da vivência, retirando de tudo os valores que nos ajudarão a prosseguir equilibrados em nossa jornada. Da pedra bruta há de surgir a jóia valiosa.

É por isso que o convido a conversar com a sua vida. Ela tem sempre muito a nos ensinar. As respostas a todas as nossas indagações estão encerradas dentro de nós mesmos.

Sejamos compreensivos. Agradeçamos a Deus e a todos os que passaram por nós por nos terem oferecido a oportunidade de melhor nos conhecer.

O poder de Deus

O poder de Deus é incomensurável. A mente humana jamais poderá alcançá-lo em sua plenitude.

O mundo pode parecer caótico, nuvens negras podem prenunciar tempestades assustadoras, mas aquele que realmente confia no poder de Deus não se amedronta. Permanece de pé e confiante. Toma as atitudes que estiverem ao seu alcance para minorar a situação, sem receio do que possa lhe acontecer. Sabe que a Fonte de todo poder pode operar, num piscar de olhos, verdadeiros milagres, transformações impossíveis para nosso entendimento.

Não podemos nem devemos cruzar os braços diante das dificuldades. Precisamos agir, mas com serenidade, certos de que Deus nos ajudará e fará o que for melhor.

Não há estagnação nos planos de Deus. Tudo está em andamento; tudo se transforma.

Cada modificação é precedida por uma demolição. E é justamente essa demolição que tememos, porque não estamos preparados para os avanços da evolução.

Precisamos abrir os olhos do entendimento para que possamos, ao deparar com situações dolorosas, estar em condições de amparar aqueles que se deixam abalar pelo pavor.

Saibamos que o nosso planeta passa por momentos decisivos na evolução. Muita coisa estranha e dolorosa está acontecendo e talvez ainda aconteça; mas, se confiarmos no poder de Deus, nada temeremos. Estaremos aptos a entender que tudo acontece para o bem. Assim poderemos nos aquietar e orar.

Acusações contra a vida

"Você carrega um fardo de acusações contra a vida e as criaturas, sem jamais ter parado para refletir no porquê de tudo o que acontece; nunca tentou dialogar com você mesmo, com a própria vida; e por isso não sabe se é válido o seu modo de interpretar os acontecimentos.

Criou uma couraça, escondeu-se dentro dela, e de lá atira pedradas naqueles aos quais acusa de responsáveis pelo seu estado atual de desilusão. Você não pensa se aqueles aos quais acusa como responsáveis por sua revolta contra a vida e as criaturas são realmente culpados, ou se as acusações não passam de produto de sua imaginação, ou de sua incapacidade de superar as condições adversas e de tentar vencer aquilo que lhe parece obstáculo instransponível a impedir que você se realize.

Cada um é como é; você nunca poderá mudar as criaturas. O que você precisa é mudar a si próprio, em relação aos outros.

A imagem e a voz que você conserva ainda em sua mente são interpretações suas.

Sua incapacidade de lutar, seu aprisionamento dentro de um circulo fechado de incompreensão, é o motivo oculto do seu mal-entendido com a vida.

Você põe em destaque as injustiças e perseguições de outros contra você e, ao agir desse modo, anula a sua capacidade de compreensão, valoriza o lado negativo, dando-lhe importância indevida, deixando-se envolver por ele. Esquece-se de que no seu mundo interior dormitam forças latentes que você pode utilizar para fazer frente a todas as supostas adversidades e torná-lo vitorioso. Mas você jamais apelou a essas forças; nem sequer tomou conhecimento que elas existem e estão à espera. Basta requisitá-las e elas entrarão em ação.

Você sofre e se considera infeliz por não ter realizado seus sonhos, acusando a vida de lhe ter perseguido injustamente; e assim perde a ocasião de conhecer e alcançar, não seus sonhos ilusórios, mas a sua realidade espiritual.

Você ainda pode e deve reconsiderar seus pontos de vista sobre as pessoas e as ocorrências da vida.

Procure rememorar cada circunstância, sem prevenção, analisando silenciosa e serenamente tudo o que lhe tem acontecido na vida. Você verá que supervalorizou o mal e foi cego às coisas belas e grandiosas que estiveram e estão ao seu alcance.

Não negue a si próprio a oportunidade de confrontar a frágil consciência de sua personalidade e a luz do seu eu superior. Você deve decidir-se a pedir a Deus que o favoreça quanto ao momento oportuno para que isso possa ocorrer.

Jesus o ilumine."

Um amigo

Fazer o que se pode

Se executarmos com boa vontade aquilo que sabemos e podemos fazer, estaremos colaborando com a obra de Deus.

O importante é que o que os outros podem fazer melhor do que nós não nos cause inveja nem nos tire o ânimo de prosseguir. Aprendamos a ver nessas criaturas bons trabalhadores, que já alcançaram condições de realizações mais elevadas, e pensemos que um dia também alcançaremos aquele mesmo nível. Se o que eles executam no trabalho do bem não for apenas aparência ou mera pregação intelectual, mas tiver fundamento no sentir de coração, certamente que, em nossas dúvidas e indecisões, deles receberemos amável compreensão, bem como nos estenderão suas mãos sempre que precisarmos de auxílio.

Aquele que desdenha e critica o trabalho alheio, ainda que tenha muito conhecimento, na realidade não despertou para a vida espiritual.

Não é o modo como apresentamos um trabalho que lhe dá real valor, mas sim a essência com que o impregnamos, a vibração com que o envolvemos. Isso é que o torna valioso aos olhos de Deus, que vê a luz e o sentimento de todos os corações.

Continuamos presos aos grilhões do passado, que tantas vezes nos retardaram a marcha evolutiva; por isso nem sempre temos condições de expressar a pureza do nosso eu maior. Isso, porém, não nos deve inibir, paralisando nossas aquisições positivas. Ao contrário, temos o dever de prosseguir sem desalento, sabendo que, à proporção que apresentamos o melhor de nós, estamos oferecendo o que podemos; e assim iremos nos aproximando da nossa meta.

Creio ser mais importante oferecer gota a gota do pouco que conseguimos a ter um vasilhame cheio e não distribuirmos o seu conteúdo por comodismo ou vaidade, achando que ninguém está à altura de entendê-lo.

Nossas experiências vividas podem ser úteis àqueles que ainda não refletiram, não pararam para examinar a importância e a razão de viver.

Se hoje nosso trabalho é primário, façamo-lo, apesar disso, com amor e entusiasmo; e, aos poucos, o livro da sabedoria irá virando suas páginas, permitindo-nos conhecer novas facetas da existência, para, mais adiante, entregar-nos trabalhos de maior importância.

Auto-suficiente

Há criaturas que não aceitam a aproximação fraternal, de auxílio, de quem quer que seja, em sua vida. Sabem tudo, entendem de tudo e rejeitam qualquer palavra, qualquer gesto de ajuda, nos seus momentos de dificuldade.

Acham que estão acima de toda sugestão amiga, que sabem tudo o que queiram lhe oferecer. Tornam-se, no entanto, sombrias, mal-humoradas e revoltadas com a vida. Mas se bastam. Não precisam de ninguém.

Eis aí uma forma dolorosa de orgulho, de vaidade. Quem de nós pode prescindir de ajuda, principalmente em certos momentos da vida?

Devemos, é certo, lutar, fazer o possível para não incomodar aos que, como todos nós, têm problemas para solucionar.

As pessoas que, sozinhas, não podem suportar o peso do seu fardo, mas se recusam a receber auxílio, manifestam excessivo amor-próprio e vaidade.

Todos nós precisamos uns dos outros. Quando tudo nos corre bem, temos condição de ajudar os que precisam de nosso concurso fraternal. Em outras ocasiões, em momentos difíceis, somos nós que precisamos de outros para contornar ou resolver nossos problemas.

A reflexão nos aconselha a pedir com humildade a ajuda de quem nos possa auxiliar.

Nunca devemos nos colocar num pedestal, separando-nos ostensivamente dos companheiros de jornada. A união fraternal de mentes e corações desenvolve boa disposição de ânimo para servir, quando solicitados, e humildade para recorrer aos que nos podem amparar, quando em momentos de infortúnio.

O auto-suficiente é sempre um solitário, porque se sente superior a todos. Não tem amigos e não é amigo de ninguém.

Compreendamos, irmãos, que somos meros aprendizes na escola da vida; que precisamos de todos, e que devemos estar prontos a servir com alegria aos que de nós precisarem.

Autocontrole

Nos momentos de calma, quando tudo está bem, é fácil dizer que temos autocontrole, que os problemas já não nos atingem. Mas se uma nuvem escura surge ao longe, prenunciando tempestade, o temor logo nos envolve e perdemos nosso pretenso controle; tal como ocorre com a maioria das criaturas.

Não nos preocupemos; tudo isso é humano, e raros são os que já encaram a vida com tranqüilidade permanente.

Não devemos permitir que a descoberta de nosso lado fraco seja capaz de nos decepcionar. Não se vence uma luta sem armas. E a arma do que quer vencer a sua natureza é a fé – fé em Deus, fé em si mesmo.

Temos fé, sim, mas muito precária ainda. Ela não é suficiente para nos dar o equilíbrio emocional de que necessitamos. Diz um adágio: “Devagar se vai longe”; isto é, ter paciência e perseverar.

A capacidade de reconhecer nossas próprias limitações, com o propósito de vencê-las, já é meio caminho andado. O importante é estarmos cientes de nossas fraquezas e não nos arvorar em juízes do mundo, observando e condenando os erros alheios.

Se fôssemos mais evoluídos, certamente não estaríamos mais aqui na Terra, ou já trabalharíamos em silêncio, emitindo forças e orientação para os que ainda não encontraram a chave da sua própria morada interior; por esse motivo tateiam às cegas, caindo e derrubando os que atravessam seu caminho.

Quando não estamos vivendo a situação alheia, temos a pretensão de dizer o que faríamos se estivéssemos dela participando. Esquecemo-nos de que a realidade externa, aquela que identificamos por intermédio de nossos sentidos, não é a realidade íntima, verdadeira, de uma situação. Com freqüência, a pessoa que atravessa difícil fase na vida não compreende o porquê daquilo que lhe acontece justamente por não ter ainda despertado para o exame de seu mundo interior. E, se nem todos conseguem conhecer o solo da própria alma, muito menos o fazem aqueles que estão de fora, alheios ao processo interior de outras almas.

Podemos ajudar com palavras de estímulo, de alerta, de encorajamento, dispensando sermões e regras de viver.

Cada pessoa é um ser independente, e só ela tem possibilidade de se certificar de suas reais necessidades.

Fugir

Fugir é esconder-se da realidade, é iludir-se.

Se não tentarmos resolver agora o que se apresenta como um problema de difícil solução, amanhã ele retornará na forma de dificuldade instransponível, que nos deixará atormentado e débil.

Encaremos de frente e de pé todas as situações difíceis e imprevistas e aceitemos a adversidade como algo que nos compete experimentar com serenidade, aprendendo e amadurecendo com a experiência, certos de que apoiados em Deus tudo resolveremos.

Muitas vezes, nossos problemas, aparentemente quase insolúveis, assemelham-se a meras contas de somar. Nossa obstinação em usar binóculo, para ver as coisas que não estamos entendendo, deforma e torna difícil a compreensão do problema. Nós e o problema somos quase a mesma coisa.

Em geral supervalorizamos as dificuldades. Muitas criaturas enfrentam problemas complicados, sem perder a coragem de prosseguir e colocar-se em posição de responder acertadamente aos estímulos. Não queiramos privilégios, desejando que para nós tudo venha tranquilamente.

Fugir, pois, é adiar e acumular serviço.

Estamos aqui na Terra. Nosso compromisso com o "agora" é muito importante. O "ontem" já passou, o amanhã virá como a lei de Deus determinar. O "agora" é o momento que estamos vivendo. Coloquemos toda a nossa atenção no presente. Não fujamos dele, ainda que nos apavore. Seguremo-nos em Deus e tudo correrá bem.

Afugentemos os nossos fantasmas mentais, arejando a mente, aquietando-a, e no lugar das idéias negativas de medo e desânimo, que só serviriam para nos acovardar e incentivar à fuga, coloquemos a fé em Deus, a certeza de que Ele tudo sabe e pode, e está conosco, onde sempre existiu, no mais íntimo do coração. Basta que saibamos nos ligar a Ele para que nos tornemos renascidos espirituais.

Transmute, irmão querido, a treva do medo, que nos convidava a fugir, na luz da coragem que nos convida a ficar, a lutar e a vencer, livres dos fantasmas que nos assediam a mente, quando estamos distantes da nossa verdadeira fonte de paz e luz.

Amizade

Como é importante fazer amigos e saber cultivar amizades, tornando-as profundas e verdadeiras!

Todo o dinheiro da Terra não vale uma boa amizade.

Tenho estado em contato com pessoas que se queixam de não ter amigos. Fazer amigos é uma ciência. Aprender essa ciência é uma questão de querer.

Nos momentos difíceis da nossa vida, vemos como é importante ter amigos.

Há criaturas que carregam consigo preconceitos e idéias fixas; desconfiam de todo mundo e se fecham ao convívio dos que desejam fraternal aproximação.

É difícil atravessar uma porta fechada. O tempo passa, as pessoas envelhecem sozinhas e tristes, porque nunca tentaram romper a barreira que as separa das demais.

Muitos dizem: é meu temperamento. Sou tímido. Não tenho assunto para conversar.

Mas se o temperamento lhes impede a aproximação com outros, e isso os torna tristes, por que não se esforçam para vencer a timidez?

Eis por que convido os que ainda palmilham a estrada da dúvida e da desconfiança a se interrogar, procurando descobrir onde se esconde o "bicho papão" que os faz temer o contato com outras pessoas.

Sempre que a tristeza e a angústia rondarem à nossa volta, esforcemo-nos para penetrar em nosso íntimo. Algo errado estamos escondendo de nós mesmos, algo que é a causa de nossa dificuldade.

Em nosso mundo subconsciente guardamos muito material inadequado, muitas marcas, muitas emoções deformadas que não tiveram expressão natural, as quais talvez sejam a chave da porta que nos separa de nossa realidade interior.

Essas obstruções nos impedem de ver como realmente somos.

Com freqüência somos assolados por estados de depressão, quando, inconscientemente, procuramos fugir de nossa realidade íntima.

Nesse estado de espírito, afugentamos aqueles que nos poderiam ajudar a romper esse bloqueio permanente, por meio do diálogo amigo e do desabafo natural. O verdadeiro amigo é para essas horas.

Pensemos bem: todos nós precisamos uns dos outros. Sem a atitude humilde de buscar solidariedade nos nossos momentos difíceis, permaneceremos isolados, não ajudando, nem querendo ser ajudados. Devemos reconhecer que esse comportamento revela orgulho, que é terrível enfermidade do "eu", própria de todos nós, espíritos ainda imperfeitos, desenvolvendo as potencialidades que nos tornarão livres e perfeitos no futuro. No momento estamos sendo ainda podados em nossos excessos.

Que um dia, não muito remoto, possamos abrir as comportas dos nossos corações, deixando fluir a água cristalina da amizade profunda, ali retida talvez por séculos, à espera de que a liberemos para se misturar a outros corações.

Deus e a vida

A existência, mestra cuja sabedoria transcende nosso alcance intelectual, tem um único objetivo: ajudar-nos a entender o porquê de todas as coisas que ela nos faz conhecer, para que assim sejamos levados ao conhecimento de nós mesmos, desenvolvendo a força para enfrentar as adversidades, aquietando-nos para observar e observando para conhecer a nossa realidade íntima, a fim de adquirir sabedoria.

Se não lutarmos para conquistar a quietude interior, não conseguiremos, jamais, ouvir a voz dos benfeitores que, de esferas superiores, desejam nos ajudar, e talvez nos escolher, a fim de que possamos dar passos mais largos na senda do auto-aperfeiçoamento.

A mente confusa, cheia de recalques e prevenções, nada de bom pode captar. Atuando apenas nos planos negativos, entra em contenda com as condições objetivas da vida. Vibra numa tônica de ressentimentos para com os benfeitores espirituais. Julga-se sempre vítima das circunstâncias e das pessoas. Abastece-se do material da Terra, seus conflitos e problemas, e retém esse material em estado bruto, sem procurar entender o porquê de tudo o que acontece.

Desse modo, a criatura impõe-se um pesado fardo de incompreensão que a torna intranqüila e infeliz. Tropeçando, caindo, levantando e derrubando o que estiver à sua frente, prossegue, incapaz de tomar consciência do chão em que pisa e do porquê da existência.

É tarefa difícil a do espírito que já tomou conhecimento de sua condição e se propõe a entrar em ação, superando suas deficiências, lutando contra o pessimismo, procurando manter-se no equilíbrio do "vigiai e orai", cultivando a serenidade e buscando a inspiração que vem de Deus, a fim de receber intuitivamente as instruções para o seu trabalho aqui na Terra, em meio a todas as dificuldades inerentes ao plano material.

Quando despertamos do sono de pesadelos no qual permanecíamos há tantos séculos, ocorre-nos um fenômeno maravilhoso: a vontade imensa de transformarmo-nos por dentro. Uma alegria indescritível por ter descoberto, afinal, que somos partícula de Deus, que somos um pequeno mundo dentro do grande mundo, que somos pequenos deuses capazes de criar, de produzir coisas maravilhosas. O entusiasmo por essa descoberta nos indica o caminho, nos alimenta a fé em Deus e em nós mesmos. E a dúvida e o medo, já não têm poder sobre nós. Vencemos a maior de todas as batalhas: a que travamos no nosso mundo interior.

Deus se manifesta em tudo o que existe – em cada ser, em cada molécula, em cada átomo, nos reinos da natureza, na Terra, no espaço sideral. Em toda parte, em todos os momentos, Deus está presente, invisível aos nossos olhos materiais, mas sensível aos nossos sentidos, se os mantivermos em Sua direção, se a Ele nos entregarmos incondicionalmente. Ele não é cada coisa, mas existe em cada coisa. É a inteligência permanente dos fenômenos, o amor que associa e dá sentido à vida.

Deus é tudo e não é nada em particular. Nada contém Deus na Sua totalidade, porque Deus é a essência. Sua forma jamais conseguiremos imaginar, pois nossa mente não pode representar o infinito, cujo sentir só acontece por transformação do sujeito.

Irmãos queridos, procuremos senti-Lo vivo em nós e a nossa vida se transformará. Assim, seremos um com Deus e conheceremos a felicidade real e eterna.

Ao terminar a leitura deste livro, talvez você tenha ficado com algumas dúvidas e perguntas a fazer, o que é um bom sinal. Sinal de que está em busca de explicações para a vida. Todas as respostas que você precisa estão nas Obras Básicas de Allan Kardec.

Se você gostou deste livro, o que acha de fazer com que outras pessoas venham a conhecê-lo também? Poderia comentá-lo com aquelas do seu relacionamento, dar de presente a alguém que talvez esteja precisando ou até mesmo emprestar àquele que não tem condições de comprá-lo. O importante é a divulgação da boa leitura, principalmente a da literatura espírita. Entre nessa corrente!

Livros de Eurípedes Kühl

Livros que informam, esclarecem, emocionam e proporcionam momentos de paz!

150 anos de Allan Kardec

Facilita o entendimento do Espiritismo. Eurípedes Kühl – médium, pesquisador, escritor e palestrante requisitado – resume e comenta *O Livro dos Espíritos*, de Allan Kardec, demonstrando a atualidade dessa Obra Básica.

Três arco-íris

Romance do Espírito Josué

Juventino acredita que está encarnado e Enedine, um espírito benfeitor, o ajuda a recuperar-se. Ao apaixonar-se por ela, ele vai reviver o passado...

Saara: palco de redenção

Romance do Espírito Claudinei

Nas areias do deserto do Saara, o encontro de almas divididas por crenças religiosas. Enfrentando-se em lutas que se prolongam muito além da vida material, sofrem o terrível calor, a sede, a falta de recursos e a ferocidade de espíritos que desconhecem o bem.

Animais, nossos irmãos

Animais têm alma? Eles reencarnam? Eles têm carma? E emoções? Essas e muitas outras questões você encontrará neste livro.

Infidelidade e perdão

Romance do Espírito Josué

Infidelidade: a vida implode em alicerces de paixões, deixando os envolvidos em escombros. Um alerta do Espiritismo para aqueles que se deixam levar pelas aparências.

Sempre há uma esperança

Romance do Espírito Roboels

Karen quer subir na vida a qualquer custo, nem que para isso tenha de pisar em outros. Um romance esclarecedor!

Se você quiser conhecer todos os nossos títulos, e se interessar em receber um catálogo, sem compromisso, envie seus dados para Caixa Postal: 67545 – Ag. Almeida Lima – CEP 03102-970 – São Paulo – SP ou se preferir via e-mail: petit@petit.com.br